KB161043

사람과 사회를
연결하는

사회복지사

사람과 사회를
연결하는

사회복지사

전안나 지음

"다른 사람을 돕는 것은
우리 자신을 돕는 가장 좋은 방법입니다."

SOCIAL
WORKER

TaLK SHOW

"지식 근로자는 자신의 개인적 성취를 넘어서
사회 발전을 위해 공헌할 바가 무엇인지
끊임없이 질문해야 한다."
- 피터 드러커

"인권이 무엇인지는 모르겠지만, 공동체의 수준은
한 사회에서 모든 혜택의 사각 지대에 놓인 취약한
사람들을 어떻게 대하느냐에 따라 결정되는 것이라고,
조심스럽지만, 지금도 그렇게 생각합니다."
- 김승섭

C·O·N·T·E·N·T·S

C·O·N·T·E·N·T·S

안녕하세요? 전안나 사회복지사입니다.

저는 고등학교 1학년 때까지 진로에 대해 뚜렷한 생각이 없었어요. 그러던 중 고등학교 2학년 때 진로 가이드북을 보면서 다양한 직업들을 살펴보다가 '사회복지사'라는 직업에 깊은 인상을 받았어요. 한두 장짜리 짧은 설명이었지만, 사회복지사의 역할과 가치가 제 마음을 사로잡았죠. 고등학교 때 이과였던 저는 문과인 사회복지학과로 교차 지원해 대학에 진학했어요. 그 후 21년 동안 사회복지사로 의미 있는 경험을 쌓았고요. 저는 지금도 사회복지사라는 직업을 가질 수 있어서 자랑스럽고, 이 직업을 선택한 것을 절대 후회하지 않아요.

사회복지사는 현재 많은 사람에게 인기가 많은 직업이지만, 다른 인기 있는 직업들과 마찬가지로 미래 유망성에 대한 우려도 존재해요. 특히 앞으로 다가올 AI 시대에 사회복지사가 어떤 영향을 받을지 궁금해하는 사람들이 많죠. 저는 사회복지사가 AI 시대에도 더욱 필요한 필수 직업이 될거라고 생각해요. 몇 가지 이유가 있는데요, 인간은 사회나 국가를 떠나서 살 수 없어요. 그런데 사회가 복잡하고 다양해짐에 따라 사회문제도 늘어나고 있어요. 뉴스를 보면 매일 다양한 사회문제들이 보도되고 있죠. 이러한 시대에 인간과 사회를 연결하고, 누구나 인간다운 삶을 살 수 있도록 돕는 역할을 하는 사회복지사는 우리 사회에 더욱 필요한 직업이 될 거예요.

우리가 사는 세상은 혼자 살아갈 수 없도록 만들어져 있어요. 나 혹은 가족, 친구, 학교나 동네에 어려운 일이 있을 수도 있죠. 그런 어려움은 나 혼자의 힘으로만 해결해야 하는 것이 아니라, 주변에 있는 사람들과 함께 힘을 모으는 것이 가장 좋은 방법이에요. 예를 들어 학교 선생님, 학교 사회복지사, 상담 선생님, 주민자치센터 공무원, 복지시설의 사회복지사, 이웃,

지역사회, 국가까지 모두 함께하는 거죠. 이처럼 함께 힘을 모으도록 돕는 직업이 바로 사회복지사예요.

사회복지사 자격증은 전문대학, 4년제 대학 졸업 외에도 학점은행제나 대학원 진학 등 다양한 교육과정을 통해 취득할 수 있어요. 자격증 취득 후에는 복지관, 지역아동센터, 요양센터뿐 아니라 NGO 단체, 공공 기관, 상담센터, 학교, 교육청, 협회, 병원, 기업, 재단, 해외 등 다양한 분야에서 일할 수 있고요. 최근 사회복지사의 활동 반경이 점점 넓어지고 있어요. 취업 외에도 사회복지사로 창업하거나, 프리랜서 활동, 대학이나 연구 기관에서 연구자로 활동하는 등 다양한 분야에서 자신의 역량을 발휘하고 있죠.

좋아하는 일을 직업으로 삼아 그것으로 생계를 유지할 수 있다면, 인생에서 큰 축복 중 하나예요. 덕업일치라는 말처럼 말이죠. 반대로, 흥미가 없는 일을 단지 돈을 벌기 위해 계속한다면, 삶의 절반을 낭비하는 것과 같아요. 여러분도 다양한 진로 및 직업 관련 책을 읽으면서 자신에게 맞는 진로를 선택하는 데 도움을 받길 바랍니다. 이미 해당 분야에서 경험을 쌓은 사람만큼 좋은 멘토는 없을 거예요.

SOCIAL
WORKER

첫인사

편 토크쇼 편집자

전 사회복지사 전안나

편 전안나 사회복지사님 안녕하세요? TV 프로그램에서 선생님을 뵌 적이 있어요. 자신의 인생과 직업을 뜨겁게 사랑하고, 사회적 약자들을 위해 선한 영향력을 넓히며 많은 활동을 하는 선생님을 뵙게 되어 영광입니다. 반갑습니다.

전 안녕하세요. KBS 〈아침마당〉과 EBS 〈다큐 프라임〉, 라디오 생방송 등에 나간 적이 있는데 알아봐 주셔서 감사합니다. 저는 직업이 여러 개인 N잡러인데요, 사회복지사와 작가, 강사로 활동하고 있어요. 고등학교 2학년 때 진로 가이드북을 통해 '사회복지사'라는 직업에 흥미를 느끼게 되었고, 이후 대학에서 사회복지학을 전공하며 20여 년간 사회복지관에서 사회복지사로 일했어요.

사회복지사로 일하면서 작가 활동도 시작하게 되었죠. 『1천 권 독서법』, 『기적을 만드는 엄마의 책 공부』, 『초등 하루 한 권 책밥 독서법』, 『쉽게 배워 바로 쓰는 사회복지 글쓰기』, 『초등 6년 읽기 쓰기가 공부다』, 『태어나서 죄송합니다』, 『나의 마흔에게』, 『나, 브랜드 사회복지사』 등 다양한 책을 출간했는데, 특히 읽기 쓰기와 사회복지 분야에 대한 저서들이 많아요. 또한 사회복지사로 오랜 경험을 쌓아 후배 사회복지사들을 위해 전국을 다니면서 강의를 하고 있어요. 대학 사회복지학과에서 외래 강사로 사회복지 강의도 하고 있고요.

편 사회복지사라는 직업을 청소년에게 프러포즈하는 이유가 있나요?

전 사회복지사라는 저의 열정은 20여 년이라는 세월에도 식지 않고 오히려 더욱 깊어지고 있어요. 처음 사회복지사라는 길을 선택했을 때 느꼈던 보람보다 지금, 이 순간 느끼는 소중함은 더욱 깊습니다. 변화하는 사회 속에서 사회복지사는 더욱 중요한 역할을 수행할 거예요. 이 글을 통해 사회복지사의 가치와 필요성을 여러분과 함께 나누고 싶어요. 하지만 최근 학점은행제나 인터넷 강의 회사에서 사회복지사 자격증 취득에 대한 홍보를 하면서 잘못된 정보들이 많이 보이더라고요. 그래서 사회복지사가 어떤 일을 하고, 어떤 매력이 있는지 정확히 알려드리고 싶어서 여러분에게 프러포즈하려고 합니다.

편 저는 사회복지관을 이용한 경험이 없어서 사회복지사라는 직업이 낯설었어요. 하지만 조금만 깊이 생각해 보면, 어린 시절 우리 가정에 어려움이 닥쳐서 가족 모두 고통을 겪은 적도 있고, 부모님께서 생활고로 힘들어하셨던 적도 있어요. 그리고 어른이 되어 사회생활을 하면서 회사 사정으로 인해 실직을 경험하기도 했고요. 누구나 예상치 못한 어려움에 직면할 수 있고, 그때 사회복지의 도움이 필요할 수 있다는 것을 깨닫게 되었죠.

🔵 사실 사회복지관을 직접 이용한 경험이 없더라도 우리 주변에는 다양한 사회복지 시설들이 존재하고 있어요. 예를 들어, 어린이집, 어르신 주간보호센터, 요양원, 지역아동센터도 등 우리 주변에서 쉽게 볼 수 있는 많은 시설이 사회복지 시설에 속해요. 저는 어린 시절 컴퓨터와 피아노를 배우기 위해 사회복지 시설을 이용한 경험이 있어요. 또한, 청소년 시절에는 자원봉사 활동을 통해 사회복지 시설에서 직접 봉사를 해본 경험도 있고요. 이처럼 우리는 직접적인 경험이 없더라도, 본인이나 가족이 사회복지 시설의 도움을 받은 적이 있을 가능성이 높아요.

요즘에는 사회복지 수준이 높은 국가를 선진국이라고 평가하는 시대예요. 사회복지가 특별한 일이 아닌, 누구나 필요에 따라 이용할 수 있는 제도라는 인식이 점점 확산되고 있어요. 예를 들어, 학교에서 제공하는 무료 급식, 코로나19 팬데믹 시기 전 국민에게 지급된 코로나19 지원금 등도 사회복지 정책의 일환이에요. 이처럼 우리는 일상생활 속에서 다양한 사회복지 정책의 혜택을 누리고 있으며, 사회복지가 우리 삶에 얼마나 가깝고 중요한 존재인지 직접 경험하고 있죠.

편 선생님을 처음 뵈었을 때, 차분한 분위기를 갖고 있어서 놀랐어요. 고정관념일 수도 있겠지만, 사회복지사는 많은 사람과 소통하고 적극적으로 문제를 해결하는 외향적인 성격을 가진 분들이라고 생각했거든요.

전 사회복지사는 활달하고 외향적인 성격을 가진 분들부터 조용하고 차분한 성격을 가진 분들까지 매우 다양해요. 또한 남성 사회복지사와 여성 사회복지사, 그리고 20대부터 60대까지 다양한 연령의 사회복지사들이 있어요. 이러한 다양성은 사회복지 시설을 이용하는 이용자들의 다양한 특성과 요구에 맞춰 최적의 서비스를 제공하기 위함인데요, 이용자 중에는 1:1 상담이나 소규모 그룹 활동을 선호하는 조용하고 차분한 성향의 분들이 있어요. 반면에 그룹 활동이나 다양한 체험 활동을 즐기는 활동적인 성향의 분들도 있고요. 남성 이용자와 여성 이용자도 모두 이용하고 있으며, 미취학 아동부터 100세 가까이 된 어르신까지 다양한 연령대의 이용자들이 있어서 사회복지사들 역시 다양한 성향과 역량을 갖추고 있답니다. 혹시 내향적인 성격 때문에, 사회복지가 적합하지 않을까 우려하는 분들이 있을 수 있어요. 저 역시 내향적인 성격이지만, 사회복지사로서 충분히 가치 있고 보람찬 일을 해낼 수 있다고 확신해요.

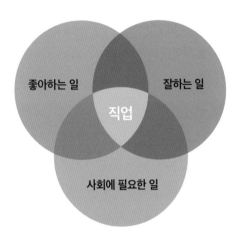

편 저는 다양한 분야의 직업인들을 인터뷰했는데요, 항상 질문하는 게 있습니다. 선생님이 생각하는 진정한 직업인의 모습은 어떤가요?

전 저는 직업이란 내가 좋아하는 일, 잘하는 일, 사회에 필요한 일의 공통 분모에 있어야 한다고 생각해요. 진정한 직업인은 자신이 사랑하는 일을 끊임없이 발전시키고, 이를 통해 사회에 기여하는 사람이에요. 저는 사회복지로 대학교와 대학원을 졸업했어요. 지난 20여 동안 사회복지사로 일하며, 끊임없이 새로운 지식을 습득하고 전문성을 개발하기 위해 노력했죠. 개인적인 이익보다는 내가 좋아하는 사회복지를 잘하고 싶고, 사회에 기여하려는 마음으로 한 노력이었어요.

편 우리 사회가 더 건강하고 행복한 사회가 되기 위해서는 어떠한 노력이 필요할까요?

전 세상에 혼자 사는 사람은 없어요. 아침에 일어나면 누군가 운전해 주는 버스나 전철을 타고 학교에 갑니다. 누군가가 요리해 준 음식으로 점심을 먹고, 누군가 알려주는 교육이나 인터넷 강의로 교육을 받아요. 또한 놀이공원의 기구는 누군가가 작동해 줘서 즐길 수 있고, 누군가 택배를 가져다줘서 필요한 물건을 받을 수 있어요. 그리고 누군가 이 책을 만들어 줘서 책을 읽을 수 있는 거죠. 우리는 종종 인식하지 못하지만, 사회 속에서 수많은 사람의 도움과 노력, 그리고 그들의 직업에 기대어 살아가고 있답니다. 우리는 혼자가 아니며, 사회 속에서 살아간다는 것을 잊으면 안 돼요.

우리 사회를 더 건강하고 행복하게 만들기 위해서는 어떻게 해야 할까요? 먼저 나 자신을 건강하고 행복하게 만드는 것이 중요해요. 그리고 내가 만나는 사람들, 가족, 친구, 선생님, 경비아저씨, 운전기사님, 택배기사님 등 모든 사람에게 감사하는 마음을 갖고 표현하는 것에서부터 시작할 수 있어요. 학교,

마을, 동네에서 도움이 필요한 사람을 만나면 자발적으로 도우려는 마음을 갖는 것도 필요하고요. 여러분이 꼭 사회복지사가 되어야만 사회에 도움이 되는 것은 아니에요. 어떤 직업이든 사회에 기여하지 않는 직업은 없다고 생각해요. 내가 좋아하고 관심 있는 일을 발견하고, 그 일을 통해 사회에 도움을 주는 것이 우리가 사회에 기여하는 방법의 하나예요. 그리고 사회복지는 특정한 사람들만을 위한 것이 아니에요. 사회복지는 나와 우리 가족, 그리고 이웃과 친구 모두에게 필요하다는 것을 기억해 주세요.

편 말씀 감사합니다. 약자를 사회 안전망과 연결하는 중요한 직업, 사회복지사의 세계로 들어가 보겠습니다.

SOCIAL
WORKER

사회복지란

편　사회복지란 무엇인가요?

전　사회복지의 사전적 의미를 살펴보면, '사회'는 어떤 시스템 안에서 인간이 모여 있는 일정한 상태를 의미해요. 우리는 '가정', '학교', **구 **시, 대한민국, 더 넓게는 지구라는 사회에서 살고 있죠. '복지'는 영어로 웰페어Welfare라고 하는데, 안녕하고 편안하며 만족스러운 안정된 상태를 의미해요. 따라서 사회복지는 사회 안에서 인간이 편안한 안녕의 상태를 누린다는 의미로 정의할 수 있어요.

그렇다면 '안녕'이라는 단어는 어떤 뜻일까요? 안녕의 상태를 누린다는 것은 누구나 인간다운 삶을 살 수 있는 상태를 말하는데요, 헌법에서 보장하는 교육, 근로, 노동, 생활, 환경 등의 권리가 있죠. 사회권과 인권은 모든 국민이 안녕한 삶을 누릴 수 있도록 보장하는 기본적인 권리고요. 사회복지는 이러한 사회권과 인권을 실현하고 보호하기 위한 사회적 노력과 제도를 의미해요. 예전에는 복지가 불우한 사람들을 국가에서 돕는다는 의미였지만, 이제는 모든 사람이 인간으로서 누려야 할 기본 권리를 보장하는 것을 말해요. 즉, 사회적 위험을 예방하고 문제를 해결하는 것이 사회복지입니다.

⊙ 사회복지사들 길거리 상담 모습

사람과 사회를 연결하는
사회복지사

사회복지는 분야가 어떻게 나누어지나요?

편 사회복지는 분야가 어떻게 나누어지나요?

전 사회복지의 범위는 생각보다 훨씬 넓어요. 사회복지 시설을 관할하는 정부 부처는 보건복지부, 질병관리청, 여성가족부가 있어요. 사회복지 관련 법을 살펴보면 「노인복지법」, 「아동복지법」, 「장애인복지법」, 「영유아보육법」, 「정신건강 증진 및 정신질환자 복지 서비스 지원에 관한 법률」, 「노숙인 등의 복지 및 자립 지원에 관한 법률」, 「사회복지사업법」, 「국민기초생활보장법」 등 32개 개별 법령을 기반으로 하고 있죠. 이게 나라에서 정하는 큰 분류예요.

이용 가능한 형태로 살펴보면, 생활 시설과 이용 시설로 나뉘어요. 생활 시설은 국민 중 의식주 지원이 필요한 사람들에게 주거, 식사, 교육, 일상생활 지원 등 생활 기반을 제공하는 시설이에요. 24시간 365일 운영되는 생활 시설은 사회복지사가 함께 거주하며 이용자들의 일상생활을 지원하는 곳이죠. 중증 장애인, 치매 어르신, 가정 내 돌봄이 어려운 아동·청소년, 폭력 피해자를 위한 쉼터 등 다양한 대상을 위한 시설이 있답니다.

이용 시설은 자택에서 거주하면서 아침부터 저녁까지 운영

시간 내에 방문하여 식사, 교육, 취업 지원, 재활 치료, 상담, 심리검사 등 원하는 서비스를 이용하는 시설이에요. 예를 들면 사회복지관, 노인복지관, 장애인복지관, 노인주간보호센터, 직업재활시설, 상담소, 지역아동센터, 병원 사회사업실, 학교 사회복지실 등이 있어요.

이용 대상으로 살펴보면, 노인복지, 아동·청소년복지, 가족복지, 장애인복지, 노숙인 복지, 여성복지, 산업복지 등으로 나뉘어요. 거의 모든 사람이 사회복지 이용 대상에 해당하죠. 좀 더 세부적으로 살펴보면, 노인의 경우에는 의료상의 도움을 제공하는 노인 의료복지시설, 주거를 제공하는 노인 주거복지시설, 학대 피해자들을 위한 노인 전용 쉼터가 있어요. 요즘 동네에서 많이 보이는 노인주간보호센터는 재가노인복지시설로 분류되고요. 아침에 학교 가는 길에 횡단보도에서 교통 정리를 하거나 쓰레기 줍기 환경보호 활동을 하는 할머니 할아버지들을 본 적이 있나요? 노인 일자리 지원 기관에서 진행하는 활동이랍니다.

아동·청소년의 경우도 마찬가지예요. 옛날에 고아원으로 불렸던 생활 시설인 보육원, 아동 일시보호시설, 아동 보호치료시설, 자립지원시설, 공동생활가정이 있어요. 이용 시설로는 아동상담소, 지역아동센터, 아동보호전문기관, 다 함께 돌봄센

대상	이용 시설	생활 시설
아동·청소년	어린이집, 아동상담소, 지역아동센터, 아동보호전문기관 등	아동양육시설, 공동생활가정, 일시보호시설, 보호치료시설, 청소년쉼터, 자립지원관 등
가족	가족센터, 한부모가족 복지상담소 등	모자/부자/미혼모가족 복지시설 등
장애인	장애인복지관, 주간보호시설, 체육시설, 수련시설, 생활이동지원센터, 수화통역센터, 점자도서관, 보호작업장, 근로작업장 등	장애 유형별/중증 장애인/장애 영유아/단기 거주 시설, 공동생활가정 등
노인	노인복지관, 경로당, 방문요양, 주야간 보호, 노인교실, 노인보호전문기관, 노인 일자리 지원 기관 등	양로시설, 공동생활가정, 복지주택, 요양시설, 학대 피해 노인 전용 쉼터 등
폭력 피해자	상담소, 긴급전화센터 등	비공개 시설 (쉼터) 등
노숙인	노숙인종합지원센터, 일시보호시설, 급식시설, 진료시설, 쪽방 상담소 등	노숙인 자활시설, 재활시설, 요양시설 등
지역 주민	사회복지관, 지역자활센터 등	-

◉ 사회복지 시설 분야

터 등이 있고요. 아동 관련 NGO 기관, 입양 전문 기관, 아동권리보장원, 지역교육복지센터 등도 있어요. 학교에도 학교 사회복지사가 상주하여 학생들을 대상으로 사회복지 서비스를 제공하는 경우도 있답니다.

⊙ 아동·청소년 프로그램

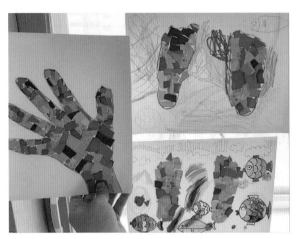

⊙ 아동·청소년 프로그램

그 외에도 사회복지 상담, 직업 지원, 무료 숙박, 지역사회복지, 의료복지, 재가복지, 사회복지관, 정신질환자 및 한센병력자의 사회복귀에 관한 사업 등 각종 복지사업과 이와 관련된 자원봉사 활동, 복지시설의 운영 또는 지원을 목적으로 하는 곳 또한 사회복지 시설이랍니다. 생각보다 많은 사회복지기관이 여러분 주변에 있죠?. 잘 몰랐지만 나와 우리 가족, 할머니, 할아버지까지 이런 기관의 서비스를 이용하고 있었을 수도 있어요.

편 사회복지가 왜 중요한가요?

전 사회복지는 모든 사람이 행복하게 사는 사회를 만드는 거라고 했는데요, 이런 사회복지가 중요한 이유는 크게 세 가지예요.

첫 번째, 우리가 살아가는 세상에는 스스로 해결하기 어려운 다양한 문제들이 있죠. 예를 들어 결혼을 하지 않고 자녀도, 친척도 없는 80세 할아버지가 있어요. 혼자서 밥을 해 먹기도 힘들고 공과금을 내는 것도 힘들다고 해볼게요. 이런 상황이 지속된다면, 할아버지는 밥을 굶거나 집에 전기가 끊기는 등 생활에 심각한 어려움을 겪을 수 있어요. 또한, 혼자서 생활하며 아픈데 병원에 못 가는 상황은 심리적인 어려움으로 이어져 우울증이나 다른 정신건강 문제로 악화될 가능성도 있고요. 이런 상황에서 할아버지가 행복해지려면 어떻게 해야 할까요? 누군가가 밥을 챙겨주고, 공과금을 대신 내주고, 병원에 모시고 가서 치료받을 수 있도록 돕는 것이 필요해요. 이러한 역할을 하는 것이 바로 사회복지예요. 개인의 노력으로 해결하기 어려운 사회문제들을 예방하고, 모든 사람이 안전하고 행복하게 살 수 있는 사회를 만들기 위해 사회복지가 필요하죠.

두 번째, 선별적 복지에서 보편적 복지로 사회복지에 대한 인식이 달라졌어요. 과거에는 어려움을 겪는 사람들에게만 사회복지를 제공하는 선별적 복지 시스템이 운영되었어요. 이는 저소득층, 장애인, 고아 등 특정 계층에만 국한적으로 지원을 제공하는 방식이었죠. 당시에는 복지관 같은 사회복지 시설이 저소득층만 이용할 수 있다는 인식이 일반적이었어요. 하지만 사회는 변화했어요. 여러분도 학교에서 점심을 무료로 먹어요. 이것을 무상급식이라고 하는데요. 가난해서 혹은 부자여서 점심을 먹는 것이 아니라, 모든 학생이 동등하게 점심을 먹을 수 있도록 하는 제도죠. 마찬가지로, 어린이집은 더 이상 가난한 아이들만 다니는 곳이 아니에요. 모든 아이들이 나이가 어려서 보호가 필요하기 때문에 다니는 곳이죠. 그뿐만 아니라, 모든 어린이는 예방접종을 무료로 받을 수 있어요. 또한, 코로나19 당시에는 전 국민에게 지원금이 지급되었고, 아이를 낳으면 출산장려금이 제공되며, 대한민국 국민으로 태어난 모든 어린이는 아동수당을 받게 됩니다. 이러한 정책들은 국민이 누려야 하는 당연하고 중요한 권리로 인식하고 있어요. 또한, 병원에 가서 치료를 받을 때는 건강보험을 통해 병원비 지원을 받을 수 있어요. 65세 이상이 되면 국민연금을, 할머니 할아버지는 노령연금을 받을 수 있고요. 이처럼 누구나 적용되는 복지제도를 보편적 복지라고 부릅니다.

이러한 변화는 사회복지에 대한 인식의 변화에서 비롯되었어요. 과거에는 한 사람이 실직하면 가족이 직접 부양해야 했지만, 지금은 실업 급여를 통해 일상생활을 유지하고 재취업을 위한 직업 훈련을 받을 수 있어요. 이는 사회복지의 책임을 개인보다는 국가가 져야 한다는 인식의 변화를 반영하는 거죠. 또한 과거에는 저출산, 고령화, 학대, 폭력, 인권 문제는 사회적으로 큰 관심을 받지 못했어요. '저 사람은 집이 좀 가난하네', '할머니가 몸도 아프고 돌봐주는 사람이 없어서 힘들겠네.'와 같은 개인적인 문제로 여겨졌죠. 하지만 지금은 이러한 문제들을 국가적 차원에서 해결해야 하는 중요한 사회문제로 인식하고 있어요. 많은 사람이 복지국가에 대한 이해를 높이고 있고, 이를 이상적인 사회로 생각하죠. 가난하고 아픈 사람만을 대상으로 지원하는 선별적 복지에서, 모든 국민이 함께 잘 살 수 있도록 지원하는 보편적 복지로 점차 확대되고 있어요.

세 번째, 앞으로 사회는 더욱 다양한 문제에 직면하게 될 거고, 이에 따라 사회복지의 역할 또한 중요해질 거예요. 사회문제 증가의 원인 중 하나는 평균 수명 증가인데요, 나이가 들면

ⓐ 어르신 프로그램

서 노령, 실업, 빈곤, 질병 등의 위험이 증가하기 때문에, 평균 수명 증가는 사회복지 대상자의 범위를 확대하는 요인이 되겠죠. 하지만 최근에는 핵가족화로 인해 과거처럼 가족 구성원이 직접 할머니, 할아버지, 어린아이를 돌보기 어려워지고 있어요. 특히, 엄마가 일을 하게 되면 다른 가족 구성원이 어린아이를 돌봐줄 수 없어 어려움을 겪는 경우가 많고요. 이는 저를 포함한 많은 사람이 직면하는 사회적 위험 중 하나예요.

평균 수명 연장으로 인한 사회문제 중 하나는 '장애'예요.

태어날 때부터 장애가 있는 사람보다 중도에 장애를 갖게 되는 사람이 훨씬 많아요. 장애인 열 명 중 한 명은 태어날 때부터 장애를 가지고 있지만, 아홉 명은 질병이나 사고로 인해 중도에 장애를 갖게 됩니다. 이는 우리 자신 또는 주변 가족 구성원 누구나 언제든 장애를 갖게 될 수 있다는 것을 의미해요. 저출산, 고령화, 학대, 폭력, 인권 문제, 난민, 이주 노동자, 가족 해체, 고립 은둔, 가족 돌봄, 자립준비 청년 등 다양한 사회문제가 증가하면서 미래 사회는 더욱 다양한 양상의 문제에 대응해야 해요. 더 넓게 보면 지구온난화로 인한 극심한 기후 변화와 사회적 재난은 개인의 힘만으로는 해결될 수 없는 문제예요. 나, 가족, 친구, 우리나라 국민, 그리고 전 세계인 모두가 힘을 합쳐야만 대응할 수 있겠죠. 이러한 상황 속에서 사회복지의 중요성은 더욱 강조되고 있어요.

⊙ 어르신 프로그램

편 사회복지의 역사가 궁금합니다.

전 많은 사회복지 역사책은 영국에서 시작돼요. 1601년 영국 엘리자베스 1세는 빈민법을 제정하여 "일자리를 줄 테니 돈을 벌어라. 공짜로 밥을 주지 않는다."라는 원칙을 바탕으로 운영했어요. 빈민들에게 일자리를 제공하고, 일을 하는 빈민에게는 식량을 지급했죠. 하지만 빈민법은 빈곤의 근본 원인을 노동 의지 부족으로 단순화하는 경향이 있었어요. 즉, 빈민들이 가난한 것은 그들의 게으름 때문이라는 고정관념을 반영한 정책이었다는 비판이 있었죠. 하지만 실제로는 다양한 요인들이 빈곤의 원인이 되었으며, 당시 사회에서는 이러한 복잡한 상황을 이해하지 못했어요.

1883년 영국 정부는 빈곤 지역에 대해 전문적인 조사를 실시했어요. 조사 결과, 런던 인구의 28%가 빈곤 상태에 처해 있음이 드러났죠. 이 조사의 중요성은 빈곤의 근본적인 원인이 개인의 노동 의지 부족이라는 단순한 인식에서 벗어나 사회 구조적 문제에 기인한다는 점을 밝힌 데 있어요. 즉, 빈곤은 개인의 게으름보다는 저임금, 열악한 근로 환경, 주거 환경, 질병 등 다양한 사회적 요인들에 의해 발생한다는 사실을 명백히 보여준 거죠.

　1942년 영국 정부는 사회보장 제도 개혁 보고서인「베버리지 보고서」를 발간했어요. 이 보고서는 복지국가의 시작점이라고 여겨지며, '요람에서 무덤까지'라는 국가가 국민의 삶 전반에 걸쳐 책임을 진다는 슬로건이 처음 등장했어요. 영국의 구빈법 외에도 독일의 사회보험, 미국의 사회보장법 등은 지금 전 세계 사회복지 역사의 중요한 흐름을 이루고 있어요.

편 우리나라 복지제도의 역사는 어떻게 되나요?

전 한국 근대 사회 초기에는 일제 강점기와 6.25 전쟁으로 인해 농촌 사회는 극심한 어려움을 겪었어요. 하지만 농촌 계몽 활동이 시작되면서 농민들에게 교육 기회를 제공하고, 집도 지어 주거 환경을 개선하며, 살아가는 방식에 대한 의식 개혁을 시작했죠. 사회복지는 개인의 삶을 개선하고 사회적 문제를 해결하기 위한 다양한 노력을 포괄하는 개념이에요. 이러한 노력은 정부 정책, 시민운동, 사회기관 활동 등 다양한 형태로 이루어지죠. 한국 최초의 근대식 병원인 광혜원은 1885년 헬렌 선교사에 의해 설립됐어요. 광혜원은 선교, 의료, 교육, 복지를 통합적으로 제공했어요. 아픈 사람들을 치료하고, 학교를 설립하여 교육하고, 구제 활동을 했어요. 이는 일종의 의료 사회복지, 교육복지, 종합 사회복지 기능을 수행한 것이죠.

사회복지 시설의 역사를 살펴보면, 1906년 지금은 북한인 원산에 '반열방'이라는 최초의 사회복지 시설이 처음 설립됐어요. 1921년에는 서울에 태화여자관(현재 태화기독교사회복지관)이 세워져 두 곳이 최초의 사회복지관으로 기록되었어요. 1945년에 해방 이후에는 외국 선교사들이 들어와 고아나 여성들을 위한 시설을 설립했어요. 전쟁으로 인한 고아들을 위한 고아원과 여성들에게 한글, 자수 등을 교육하는 여성 교육 시설이 운영되었죠.

이처럼 시작된 사회복지 시설은 2023년 말 기준으로 전국에 총 35,234개소 운영되고 있어요. 이용 시설 23,011개소, 생활 시설 10,275개소, 기타 시설 1,948개소의 합계예요. 사회복지시설에서 근무하는 종사자 수는 총 435,382명으로, 이용 시설 245,234명, 생활 시설 185,844명, 기타 시설 4,333명이 이에 포함돼요. 이는 사회복지사뿐 아니라 치료사, 간호사, 영양사, 조리사 등 다양한 전문 인력을 포함한 수치예요.

사회복지법을 기준으로 보면, 1961년 생활보호법 제정을 통해 국가는 처음으로 일정 수준 이하의 생활을 하는 사람들에게 생활비를 지급하기 시작했어요. 하지만 당시 지급 금액은

2023년 말	이용 시설	생활 시설	기타 시설	계
시설 수	23,011개	10,275개	1,948개	35,234개
종사자 수	245,234명	185,844명	4,333명	435,382명

출처: 한국사회보장정보원 행복e음

굶어 죽지 않을 정도의 의식주를 해결할 수 있는 최소한의 수준에 불과했죠. 1997년 IMF를 겪으면서 생활에 어려움을 겪는 사람들이 급증하고, 생활고로 인한 자살이 사회적 문제로 대두되었어요. 이러한 상황에 대응하기 위해 1999년 생활보호법이 국민기초생활보장법으로 개정되었고, 이를 통해 생활보장 대상자라는 용어가 수급권자로 바뀌었어요. 수급권자라는 용어는 국가의 보호를 받아야 하는 대상이라는 인식에서 벗어나, 국민에게 부여된 권리라는 새로운 시각을 강조하죠. 과거에는 국가에서 최소한의 생계급여만 지급했지만, 법 개정 이후 생계비, 의료비, 주거비, 교육비 등 다양한 분야에 대한 지원을 확대했어요.

🔵편 우리나라의 사회복지 수준은 어떤가요?

🔵전 우리나라의 복지 수준을 이해하기 위해 먼저 복지국가의 두 가지 유형을 살펴볼게요. 복지국가는 크게 미국 유형과 스웨덴 유형으로 나눌 수 있어요.

미국은 개인의 자립과 자기 책임을 최고의 가치로 삼기 때문에, 사회복지 대상을 우리나라보다 훨씬 엄격하게 선정해요. 또한 국가 차원의 건강보험이 없어 중산층 이상 가구는 민간 보험에 가입해야 하며, 대부분 회사에서 제공하는 회사 보험에 의존하는 구조예요. 하지만 미국 보험 시스템의 문제점은 저소득층이나 실직자가 보험료를 납부하지 못하면 보험 혜택을 받을 수 없다는 점이에요. 이는 큰 병에 걸렸을 때 파산으로 이어질 수 있는 위험을 내포하고 있죠. 다만, 부유층이 내는 기부금 제도를 통해 일부 의료비를 지원하는 경우도 있어요.

스웨덴은 미국과는 대조적으로 완전 고용을 추구하며, 모든 국민에게 일자리를 제공하는 대신 높은 세금을 부과해요. 징수된 세금은 모든 국민에게 동등한 복지 혜택을 제공하는 데 사용되며, 이는 일정 수준 이상의 삶을 누리는 데 대한 사회적 합의를 기반으로 하죠. 스웨덴의 대표적인 복지 정책으로는 모든 국민에게 무료 의료 서비스 제공이 있어요. 의료 서비스 운영에 필요한 비용은 전적으로 세금으로 마련되고요.

한국은 미국과 스웨덴의 사회복지 시스템 중간 형태로 일부 특징을 공유하지만, 고유한 방식으로 운영돼요. 엄밀히 말해, 한국의 사회복지 시스템은 전 국민에게 100% 혜택을 제공하는 것이 아니라, 국민들은 일정 수준의 보험료를 납부함으로써 의료 혜택을 받는 방식이에요. 또한, 납부하는 보험료는 개인의 소득 수준에 따라 차등화돼요. 이러한 시스템은 일종의 상호 부조 개념을 기반으로 하죠. 즉, 건강한 국민들이 보험료를 납부하여 아픈 국민들이 의료 서비스를 이용할 수 있도록 돕는 거예요. 개인은 만 원의 보험료를 납부하지만, 나중에 10만 원의 의료 혜택을 받을 수도 있어요. 하지만, 건강보험 적용 범위를 벗어나는 의료비는 개인이 직접 부담해야 하는 형태예요.

편 우리나라는 미국의 영향을 많이 받지만, 복지만큼은 스웨덴 모델에 가까워지고 있는 것 같아요.

전 우리나라는 완벽하지는 않지만, 국민연금, 실업보험, 고용보험, 건강보험 등 4대 사회보험 제도를 갖추고 있어요. 국민의 90%는 건강보험 혜택을 누리고 있으며, 이는 매우 긍정적인 성과죠. 미국에서는 '오바마 케어'가 한동안 주요 이슈였어요. 국민의 건강권을 보장하기 위해 민간 보험의 역할을 줄이고 국가 보험의 비중을 높이려는 정책이었지만, 민간 보험 업계의 반발에 직면하여 결국 폐기됐어요. 한국의 사회복지 시스템은 아직 미흡한 모습이 있지만, 스웨덴 모델에 가까워지고 있다는 긍정적인 관점에서 바라볼 수 있어요. 앞으로는 개인 기여 여부와 관계없이 모든 국민이 100% 보편적인 복지 혜택을 누릴 수 있기를 기대합니다.

편 복지 수준은 세계 몇 위 정도 되나요?

전 우리나라의 다양한 복지 서비스를 살펴보면, 복지로 사이트를 통해 중앙부처, 지자체, 민간에서 제공하는 서비스를 찾아볼 수 있어요.

생애 주기별로 임신 · 출산, 영유아, 아동, 청소년, 청년, 중장년, 노년까지 총 3,207개의 서비스가 제공되고 있어요. 저소득, 장애인, 한 부모 · 조손, 다자녀, 다문화 · 탈북민, 보훈대상자 등 가구 상황별로도 2,312개의 서비스를 이용할 수 있고요. 또한, 관심 주제별로는 신체 건강, 정신건강, 생활 지원, 주거, 일자리, 문화 · 여가, 안전 · 위기, 임신 · 출산, 보육, 교육, 입양 · 위탁, 보호 · 돌봄, 서민금융, 법률 영역에 총 3,915개의 서비스

생애 주기별	가구 상황별	관심 주제별
임신·출산, 영유아, 아동, 청소년, 청년, 중장년, 노년	저소득, 장애인, 한부모·조손, 다자녀, 다문화·탈북민, 보훈대상자	신체 건강, 정신건강, 생활 지원, 주거, 일자리, 문화·여가, 안전·위기, 임신·출산, 보육, 교육, 입양·위탁, 보호·돌봄, 서민금융, 법률
3,207개	2,312개	3,915개

출처: 복지로(2024년 4월 기준)

다양한 사회복지 관련 신고 체계

110	민원
112	범죄
119	재난, 구급, 구조
129	긴급 복지
182	미아 신고
1399	불량식품
117	학교 폭력
1366	여성 폭력
1388	청소년 상담
1577-1389	노인 학대
1577-0199	자살, 정신건강

가 제공돼요. 이처럼 생애 주기, 가구 상황, 관심 주제별로 사회 제도와 서비스가 체계적으로 정리되어 있어 필요한 정보를 쉽게 찾을 수 있어요. 특히, 각종 신고 전화번호도 함께 제공되어 이용자의 편의를 더욱 높여주죠.

한국은 복지 예산 규모 측면에서 전 세계적으로 상위권에 속하지만, OECD 가입국 기준으로는 상대적으로 낮은 편이에요. 2021년 말 기준, 한국은 복지 예산 규모가 상위 38개국 중 35위를 차지했어요. OECD 국가들의 평균 복지 지출은 GDP 대비 20%지만, 한국은 12.2%에 그쳤죠. 하지만 예산 지출액만으로는 한국의 복지 수준을 정확하게 평가하기 어려워요. 2011년 8~9% 수준이었던 복지 지출 규모를 2021년에는 이전 대비 거의 1.5배 증가시킨 바 있어요. 이는 한국 정부가 사회복지 정책에 대한 투자를 지속해서 확대하고 있다는 것을 보여주는 지표죠. 물론 아직 개선해야 할 부분도 많지만, 한국은 꾸준한 노력을 통해 복지국가로 나아가고 있으며, 앞으로 더욱 발전된 복지 정책을 기대할 수 있어요.

SOCIAL WORKER

사회복지사의
세계

편　사회복지사라는 직업은 한국에서 언제 생겼나요?

전　1900년대 초반부터 사회복지관이 설립되면서 어려운 사람들을 돕는 일을 자선사업가나 자원봉사자들이 시작했어요. 당시에는 무급으로 일하는 경우가 많았지만, 사회복지 서비스의 중요성이 점점 인식되면서 사회복지사라는 직업이 등장했죠. 처음에는 사회복지사 자격증이 없이도 사회복지관에서 일할 수 있었지만, 1947년 이화여자대학교에 기독교 사회사업학과가 설립되면서 사회복지 전문 교육이 시작되었어요. 이후 서울대학교, 그리스도대학교, 강남대학교, 중앙대학교 등 다양한 대학에서 사회복지학과가 개설되었고, 현재는 대부분 대학에서 사회복지학과를 운영하고 있어요.

　1970년 사회복지사업법 제정으로 사회복지사 자격증 제도가 도입되었으며, 사회복지 활동을 수행하는 전문가들을 사회복지사업 종사자라고 불렀어요. 그리고 1983년 사회복지사업법 개정을 통해 '사회복지사'라는 호칭과 함께 '사회복지사 자격증'이 발급됐어요. 2003년에는 사회복지사 자격증이 국가자격증으로 승격되면서 현재는 자격증을 보유하고 일하는 사람만 사회복지사, SOCIAL WORKER라고 부른답니다. 1987년에는 사회복지직 공무원 채용이 처음 시작됐고, 2016년 각 동의 행정을 담당하는 동사무소의 명칭을 행정복지센터로 변경했어요. 이는 국가가 사회복지 정책에 더욱 적극적으로 개입하겠다는 의지를 보여주는 조치예요.

사회복지사는 어떤 일을 하나요?

📷 사회복지사는 어떤 일을 하나요?

📷 사회복지사업법에 따르면, 사회복지사는 '사회복지에 관한 전문 지식과 기술을 가진 전문가'로 정의하고 있어요. 사회복지사는 다양한 사회적 위험에 노출된 사람들을 전문적으로 돕는 역할을 수행하며, 사회문제를 해결하고 예방하는 데 기여하는 사회복지 서비스 전문가라고 할 수 있죠.

사회복지사의 주요 역할은 크게 세 가지예요.

1. **직접 돕기**	아동/청소년/가족/노인/장애인/노숙인 등 다양한 클라이언트의 어려움을 해결하고 직접 도와요. 상담, 심리검사, 치료, 문화, 프로그램, 사례관리, 식사 지원, 일상생활 지원, 투약 관리, 이동 지원, 교육 지원 등 직접 서비스를 진행해요.
2. **개인과** **사회 연결**	사회적 약자가 사회에서 고립되지 않고, 보호받도록 연결해요. 찾아가는 복지 서비스, 가정 방문, 복지 정보 제공, 복지 신청, 자원 연결, 외부 전문가 연계, 미성년, 정신장애인, 치매 어르신 후견인 역할 등을 해요. 마을의 고립된 분은 사회와 연결하는 마을 만들기, 공동체 형성을 위한 다양한 활동도 하죠.

3. 사회 행동	국민의 복지 욕구를 사회에 대변하고, 사회문제에 대한 시민의 관심을 유도해요. 시민 참여 행동으로 후원을 권유하고, 자원봉사자 교육훈련을 해요. 시민 단체, 후원 모금 단체, 외국 국제기구 등에서 법 개정 촉구를 위한 정치 활동, 시위, 사회운동, 법적 행동 등 사회 활동을 해요.

첫째, 직접적으로 돕는 일이에요. 심리적이나 정서적으로 어려움을 겪는 사람들에게 상담과 검사를 제공하고, 혼자 음식을 조리하기 어려운 어르신과 장애인에게 식사를 지원하죠. 재활이나 치료가 필요한 사람들에게는 전문 재활 서비스를 제공하고, 집에 혼자 있는 분들을 위해 가정 방문 서비스를 제공해요. 중증 장애를 가졌거나 혼자 생활하기 어려운 아이와 어르신은 사회복지 시설에서 24시간 의식주를 살펴주기도 하고요. 그들의 잠재 능력을 파악하고, 이를 바탕으로 문제 해결을 돕도록 지원해요.

둘째, 개인과 사회를 연결하는 환경을 만들어요. 사회적 약자가 사회에서 고립되지 않고 연결될 수 있도록 정보, 서비스 신청 대행, 자원을 제공하죠. 예를 들어 집이 없는 사람에게는 임대 아파트 신청 방법, 자격 절차 등을 알려주고 신청을 도와 줘요. 미성년자, 정신장애인, 치매 어르신을 위해 법적 후견인

◉ 경력 단절 여성 프로그램

◉ 가족 대상 프로그램   ◉ 다문화 여성 프로그램

역할도 하고요. 많은 사람이 사회에 기여하고 싶지만, 어디서 어떻게 해야 할지, 누가 가장 도움이 필요한지 막막할 때가 많 아요. 사회복지사는 이러한 사람들을 연결하고 지원하는 중요 한 역할을 수행하죠. 먼저 다양한 자원봉사 기회를 조사하고 홍보해요. 그리고 개인의 관심과 역량에 맞는 자원봉사 활동 을 연결해 줘요. 후원이 필요한 사람들을 조사하고 후원 정보 를 제공하고요. 자원봉사 활동과 후원이 정말 필요한 사람들 에게 효과적으로 연결되도록 전체 과정을 관리하죠. 각각 따 로 살고 있는 마을 사람들이 공동체 의식을 가지고 소통하고 협력할 수 있도록 관계를 만들어가는 일도 해요. 공무원 사회 복지사는 정부에서 제공하는 다양한 지원 제도에 대한 정보를 제공하고, 조사를 통해 정부 지원이 가장 필요한 사람을 선정 해서 지원금과 물품을 제공하는 등 정부 지원 제도를 연결해 주고요.

　셋째, 사회 행동을 통해 사회적 약자의 목소리를 대변해요. 복지 이용자들은 필요한 지원을 받기 위해 어디에 어떻게 도 움을 요청해야 하는지 막막할 때가 많아요. "혼자 사는 어르신 은 단순히 음식만 제공하는 것보다 소외감을 예방하고 사회 참여를 촉진하는 프로그램과 이웃들과의 관계 형성을 위한 다 양한 기회가 필요해요.", "장애인도 대중교통을 이용하고, 일상

생활을 하거나 일을 할 때 활동지원사가 필요해요. 시설에 살거나 혼자 살거나 내가 원하는 대로 살고 싶어요."라고 말하는 대변인의 역할을 하죠. 지역 주민과 이용자들을 대상으로 설문조사를 실시하여 그들의 요구와 필요를 파악하기도 해요. 어떤 부분이 필요한지 직접 물어보는 조사 활동과 연구 활동을 하죠. 그리고 사회문제에 대해 일반 시민들의 관심을 유도하는 시민운동도 해요. 사회복지 관련 법을 제정하거나 개정 촉구를 위해 시위를 하기도 하고요. 사회복지 정책을 비평하고 대한을 제시하는 정치 활동에도 참여합니다.

⊙ 시민운동-시위

⊙ 자원봉사자 활동 지원

⊙ 어린이생일선물_후원연계

사람과 사회를 연결하는
사회복지사

편 사회복지관은 어떤 곳인가요?

전 사회복지관은 사회복지사업법에 근거하여 설치되는 지역 사회 복지 문제 해결을 위한 대표적인 사회복지 시설이에요. 관련 법을 살펴보면, '시설과 전문 인력을 갖추고, 지역사회 복지 문제를 예방하고 해결하기 위해서 복지 서비스를 제공하는 시설'이라고 되어있어요. 한국에는 현재 481개소의 사회복지관이 있으며, 서울에는 그중 99개소가 있어요.

한국의 사회복지관은 다른 나라의 사회복지 시설과 달리 종합적인 서비스를 제공하는 독특한 시설이에요. 대부분의 외국 사회복지 시설은 이용 대상의 특징이나 문제 유형에 따라 분야별로 운영돼요. 예를 들어, 아동 학대만 전문적으로 다루는 기관, 장애인 재활만 전문적으로 다루는 기관, 노인 주간 보호만 전문적으로 다루는 기관 등이 있어요. 이처럼 대상별, 영역별로 세분화되어 운영되는 방식과는 달리, 한국 사회복지관은 모든 지역 주민을 대상으로 다양한 문제에 대한 종합적인 서비스를 제공하죠.

한국 사회복지관의 시작은 1921년 태화여자관 설립으로 거슬러 올라가요. 이후 지역마다 조금씩 복지관이 생겨났지만,

본격적인 확산은 1988년 서울 올림픽을 계기로 이루어졌어요. 서울 올림픽을 앞두고 서울의 저소득 밀집 지역이 철거되고, 그 자리에 영구 임대 아파트가 대거 건설됐어요. 이에 따라 저소득층 주민들의 삶의 질 향상과 지역사회 개발을 위해 주택건설촉진법에 저소득 영구 임대 아파트 건립 시 일정 규모의 사회복지관 건립을 의무화하는 조항이 마련되었어요. 당시 사회복지 기반 시설이 부족한 상황에서, 특정 대상에게만 서비스를 제공하는 것이 아니라 모든 지역 주민을 위한 종합적인 서비스를 제공하는 종합사회복지관이 등장하게 되었죠. 또한, 지역사회 주민들의 요구와 필요에 맞춘 서비스를 제공하기 위해 '지역사회'를 기반으로 운영되는 방식을 채택했어요.

사회복지관의 주요 역할은 크게 네 가지예요.
1. 복지 서비스 제공
2. 사회복지 서비스 연계 · 제공하는 사례관리
3. 주민 교육 및 공동체 형성
4. 그 외 복지사업

사회복지관에서 서비스를 제공해야 하는 사람들은 수급자 및 차상위, 장애인 · 노인 · 한 부모 가족 및 다문화 가족, 직

업 및 취업 알선이 필요한 사람, 보호와 교육이 필요한 유아 ·
아동 및 청소년, 그 밖에 필요가 있다고 인정되는 사람 등으로
매우 포괄적이에요.

🔲 복지관은 세금으로 운영되나요?

🔲 사회복지관은 100% 세금으로 운영하는 것이 맞는다고 생각해요. 국민을 대상으로 국가가 해야 하는 사회복지 서비스를 제공하는 일을 하기 때문이에요. 하지만 현재 상황은 정부에서 지원하는 세금이 일부 직원 인건비와 운영비만 충당하고, 나머지는 개인/기업 후원금 및 이용자 이용료 등으로 충당하는 방식이죠. 사회복지기관은 직접 수익을 창출할 수 없는 특성이 있어요. 일반 기업은 상품 구매자로부터 수익을 창출하는 반면, 사회복지기관은 복지 서비스 이용자로부터 이용료를 징수할 수 없거든요. 복지 서비스는 이용자의 권리로서 무상으로 제공되어야 하기 때문이에요. 하지만 일반인이 복지기관을 이용하는 경우는 일부 이용료를 부과할 수 있지만, 그 금액은 미미하죠.

그래서 사회복지사들은 다양한 노력을 통해 복지 예산 확보에 힘쓰고 있어요. 예를 들어, 독거노인 100명에게 매일 점심을 제공하기 위해서는 하루 40만 원, 한 달 1,200만 원, 1년 1억 5천만 원의 예산이 필요해요. 이러한 비용을 마련하기 위해 정부 기관, 기업, 모금 전문기관, 개인 후원자 등에게 예산 확보를 위한 계획서와 제안서를 작성하죠. 또한, 각 사회복지관 스스로 직접 모금을 진행하거나 전문 모금기관과 협력하기도 해요. 대표적인 모금 전문 단체로는 사랑의 열매 사회복지공동모금회, 월드비전, 초록우산 어린이재단 등이 있어요. 이러한 단체들은 전문 사회복지사들이 기업과 일반 국민을 대상으로 적극적인 모금 활동을 진행해요. 모금된 자금은 모금 단체 자체 사업에 활용될 뿐만 아니라, 개별 사회복지기관의 사업 계획서에 따라 후원금으로 지원돼요.

제가 근무했던 기관에서도 다양한 사회복지 사업을 위해 정부, 사회복지공동모금회, 월드비전, 어린이재단 등의 지원을 적극적으로 활용했어요. 구체적으로는 정부 지원으로 어르신을 위한 경로식당 운영, 사회복지공동모금회 지원으로 지역주민 대상 사업, 월드비전 지원으로 아동 · 청소년 대상 사업, 어린이재단 지원으로 결연 후원 사업 등을 진행했어요. 이러한 사업들을 위해 공무원 사회복지사, 사회복지관 사회복지사, 모금 전문기관 사회복지사들이 서로 협력하고 있답니다.

편 사회복지관 사회복지사의 급여는 세금으로 지급되나요? 공무원 아니에요?

전 많은 사람이 복지관에서 근무하는 사회복지사를 공무원으로 오해하는 경우가 많아요. 실제로 시청, 구청, 주민자치센터 등에서 근무하는 사회복지사만 공무원이고, 저처럼 사회복지관에서 근무하는 사회복지사는 공무원이 아니에요. 물론 제가 받는 월급에 정부 지원금이 있으니, 세금으로 월급을 받았다고 할 수는 있어요. 그런데 사회복지관 직원의 급여 재원을 살펴보면, 정규직 직원은 세금으로, 비정규직 직원은 후원금이나 지원금으로 급여를 받아요. 따라서 세금으로 급여를 받는 사회복지사는 비교적 적죠.

복지관 관장은 오너인가요, 직원인가요?

편 복지관 관장은 오너인가요, 직원인가요?

전 사회복지관장은 사회복지사 자격을 갖추고 있으며, 기관의 운영과 모든 업무를 총괄적으로 책임져요. 보통 월급을 주는 사람을 오너라고 하는데요, 사회복지관 정규직 사회복지사의 급여는 지자체장이 지급해요. 근무 지역에 따라 서울시장, 부산시장 등 지자체장이 급여를 지급하죠. 예를 들어, 서울시장은 서울시 예산에서 서울에 있는 복지관에 지원해야 하는 예산을 각 구청에 보내고, 각 구청은 이를 사회복지관에 보내요. 따라서 지자체는 정부로부터 지원받은 세금을 사용하여 사회복지관에 대한 정기적인 감사를 실시하죠.

사회복지관의 운영은 별도의 기관에서 책임지고 있어요. 실제로 사회복지사를 채용하고 업무를 수행하며 국민에게 사회복지 서비스를 제공하는 기관은 '운영 법인'이에요. 정부와 운영 법인은 3~5년마다 위탁 계약을 체결하고요. 운영 법인은 복지관 운영을 책임질 관장을 선정해요. 관장은 사회복지사 채용, 시설 관리 운영 및 지역 주민에 대한 사회복지 서비스 제공에 대한 책임을 지는 사람이죠. 사회복지사의 급여는 지자체장이 지급하지만, 직원을 채용하고 업무를 지휘하는 일은 관장이 담당해요. 사회복지사의 입장에서 관장은 인사권을 행사하는 오너처럼 보일 수 있지만, 실제로는 직원을 채용하고, 교육 훈련 및 사회복지관 운영을 총괄 책임지는 직원이라는 생각이 들어요. 참고로 사회복지사는 만 60세, 기관장은 만 65세의 정년 연한을 가지고 있어요.

편 복지관을 운영할 수 있는 운영 법인이 뭔가요?

전 복지관을 포함한 사회복지 시설은 개인 창업을 통해 설립 가능한 노인주간보호센터나 지역아동센터 등도 있지만, 대부분의 시설은 운영 가능한 법인이 종류별로 정해져 있어요. 정부 세금이 사용되고, 국가 필수 산업이기 때문에 개인적인 목적이나 영리 목적으로 활용하지 못하도록 규정되어 있죠. 한국사회복지관협회 홈페이지를 살펴보면, 사회복지법인이 운영하는 시설이 336개소로 가장 많으며, 다음으로 재단법인, 사단법인, 학교법인 순으로 운영되고 있어요.

사회복지법인	336
재단법인	50
사단법인	37
학교법인	21
지방자치단체직영	27
시설관리공단	2
의료법인	1
협동조합	7
합계	481

출처: 한국사회복지관협회 홈페이지

전문 직업인이 되기 위해 어떤 노력을 하나요?

전문 직업인이 되기 위해 어떤 노력을 하나요?

사회복지사가 자원봉사자라고 오해하는 분도 있고, 후원을 많이 하는 기부자를 사회복지사라고 오해하는 사람도 있어요. 사회복지사는 자원봉사자나 후원자가 아니라 국가자격증을 보유한 전문적인 직업이에요. 인터넷에는 학점은행제나 사이버 강좌를 통해 사회복지사 자격증을 쉽게 취득할 수 있다는 홍보가 많아 다 그렇게 자격증을 취득한 것으로 오해하는 분들이 많은데요, 실제로는 그렇지 않아요.

제가 근무했던 복지관의 사회복지사들도 대부분 대학교에서 사회복지학을 전공한 분들이었어요. 대학에서 사회복지학을 전공하고 졸업하면 사회복지사 2급 자격증을 취득하게 되고, 이후 사회복지사 1급 국가자격증 취득을 위해 추가적인 시험에 합격해야 해요. 저 역시 사회복지학과를 졸업하고, 사회복지사 1급 국가고시에 합격하여 1급 자격증을 취득했고요. 아래 표는 교육과정별 자격증 보유자 수인데요, 정규 교육과정을 통해 자격증을 취득한 사람이 47.8%로 가장 높아요.

사회복지사들은 일을 하면서 대학원 진학을 많이 해요. 대학원 진학뿐만 아니라, 상담 자격증이나 심리검사 자격증 등

구분	1급	2급	3급	계
정규 교육과정	102,644명	565,555명	517명	668,716명 (47.8%)
학점은행 시간제 등	22,667명	453,646명	151명	476,464명 (33.4%)
기타	62,314명	177,877명	23,907명	264,098명 (18.8%)
자격증 보유자	187,625명	1,197,078명	13,575명	1,398,278명 (18.8%)
비율	13.43%	85.60%	0.97%	100%

출처: 한국사회복지사협회 홈페이지

을 추가로 취득하여 지속적인 학습과 자기 계발에 힘쓰는 경우가 많아요. 또한 다양한 사람들과의 만남을 통해 풍부한 경험을 쌓고, 이를 바탕으로 인간에 대한 이해를 높이기 위해 노력해요. 앞서 언급했듯이, 사회복지사는 크게 세 가지 역할을 수행해요. 직접적으로 돕는 일, 개인과 사회를 연결하는 환경을 만드는 일, 사회 행동을 하는데요. 직접적인 도움을 제공하기 위해 상담, 심리검사, 집단 프로그램, 사례관리 등의 전문 지식을 습득하고, 개인과 사회를 연결하기 위해 기부, 후원 등에 대한 지식을 쌓아요. 사회복지 관련 이론뿐만 아니라 다양한 정부 지원 제도, 국내외 선진 사례 등을 지속해서 학습하여 전문성을 강화하고요. 사회복지 관련 법률을 숙지하고, 지역 주민과 이용자들을 대상으로 설문조사를 통한 현장 연구와 학술 연구 활동을 통해 사회복지 문제 해결에 기여하죠.

그리고 사회복지사 자격증 소지자는 매년 8시간의 사회복지사 법정 필수 보수교육을 이수해야 해요. 또한 인권 교육, 개인정보보호법 교육, 신고 의무자 교육, 장애 인식 개선 교육 등 다양한 필수 교육을 이수하여 전문성을 유지하죠. 사회복지사들은 전문성을 유지하고 발전시키기 위해 끊임없이 학습하고 노력하는 전문가예요.

⊙ 공부하는 사회복지사

⊙ 공부하는 사회복지사

외국과 우리나라 사회복지사는
어떤 차이가 있나요?

편 외국과 우리나라 사회복지사는 어떤 차이가 있나요?

전 국가마다 사회복지사의 역할과 위상이 다른데요, 스웨덴에서는 사회복지사가 공무원으로서 높은 비율을 차지하며 사회 전반의 복지 정책 수립과 실행에 참여하는 반면, 미국에서는 사회복지사가 전문 직업인으로서 높은 위상을 가지고 있어요. 변호사나 의사처럼 특정 기관에 소속되어 일할 수도 있고, 개인적으로 사업을 운영하기도 해요. 영화나 드라마에서도 아동 학대 사건이 발생했을 때, 사회복지사 전문가가 초청되어 상황을 파악하고 해결책을 모색하는 모습을 볼 수 있죠. 영국은 사회복지사 양성 과정을 2년에서 3년으로 늘리고 전문 사회복지사 자격증 제도를 도입했어요. 사회복지사로서 일하기 위해서는 자격증 취득이 필수죠. 우리나라에서는 현재 약 30만 명의 사회복지사가 근무하고 있는 것으로 추정되는데, 이 중 90%가 민간 사회복지사이고 나머지 10%인 3만 명이 공무원이에요. 저와 같은 프리랜서 사회복지사도 몇백 명 있는 것으로 알고 있고요.

편 우리나라 사회복지사의 수는 얼마나 되나요?

전 한국사회복지사협회에 따르면, 2023년 말 기준으로 사회복지사 자격증 발급 인원은 약 139만 명이에요. 이는 1급, 2급, 3급 사회복지사 자격증 소지자를 다 포함한 수치예요. 1급 자격증 소지자는 약 18만 명으로, 이중 여성은 77%, 남성은 23%예요. 2급 자격증 소지자는 119만 명이며, 현재는 단종된 3급 자격증 소지자는 1.3만 명 남아 있고요. 하지만 실제로 일하는 현직 사회복지사는 30만 명으로 추정돼요.

1급	2급	3급	계
187,625명	1,197,078명	13,575명	1,398,278명
13.43%	85.60%	0.97%	100%

출처: 한국사회복지사협회 홈페이지

사회복지사와 자원봉사자의 차이는
무엇인가요?

편 사회복지사와 자원봉사자의 차이는 무엇인가요?

전 자원봉사자는 대가 없이 자신의 시간과 노동력을 기부하는 분들이에요. 사회복지사는 이러한 자원봉사 활동이 가능하도록 장을 만들어주는 사람이에요. 자원봉사자들이 언제 방문하여 어떤 활동을 수행할 수 있는지 안내해 줘요. 또한, 처음 방문하는 분들을 위한 자원봉사자 교육 프로그램도 운영해요. 도움이 필요한 분들과 자원봉사자를 연결해 주고, 봉사 활동의 내용과 방식에 대해 알려주고요. 봉사활동이 끝나면 문제점이 없었는지 확인하고 모니터링도 하죠. 자원봉사자들이 봉사활동 확인서 발급을 요청하면, 시스템에 입력하는 등 행정처리도 해주고요.

후원자와 사회복지사의 차이도 알려드릴게요. 후원자는 개인이나 단체가 사회복지 사업을 위해 자금을 기부하는 사람이에요. 연예인이나 팬클럽이 후원에 참여하는 경우가 많죠. 사회복지사는 후원금이 효과적으로 사용될 수 있도록 후원이 필요한 사람을 찾아 정확하게 전달하며, 후원금이 후원자의 의도에 맞게 사용되도록 책임져요. 또한, 후원자가 후원 관련 세

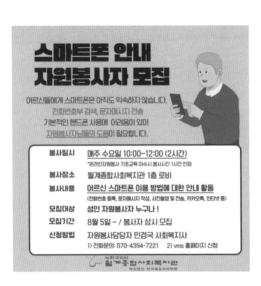

달콤더하기 주민분들은 이렇게 정성스럽게 만든 빵을
지역 내 저소득 어르신들께 전달합니다.

뿐만 아니라 어르신들이 선호하시는 빵이 무엇인지를 미리 조사하여
어르신들이 가장 좋아하시는 빵을 만들어드리려 노력합니다.

 스마트폰 기초 사용법안내!!!   친절한 설명!!!

' 스마트폰 무엇이든 물어보세요 '

스마트폰 안내 봉사활동을 정기적으로 진행하여 궁금한것이 생겼을때
언제든 복지관에 방문해 물어보고, 지역주민들이 스마트폰을 일상생활에서
손쉽게 활용할 수 있도록 도와드리고있습니다.
매주 3명의 선생님들이 오셔서 1:1로 친절히 알려주십니다.

⊙ 지역주민 복지 정보 제공

⊙ 후원 금품 전달식

제 혜택을 받을 수 있도록 지원하죠. 그리고 자원봉사자와 후
원자를 모집하고 교육하며, 실제 활동에 참여할 수 있도록 지
원해요. 필요한 사람에게 적절한 지원이 연결될 수 있도록 연
결하고, 활동 과정을 지속해서 모니터링하며 관리하고요.

사회복지사가 사용하는 전문 용어가 궁금합니다.

편 사회복지사가 사용하는 전문 용어가 궁금합니다.

전 일반적으로 나이 많은 분을 '노인'이라고 부르지만, 사회복지에서는 존중의 의미를 담아 '어르신'이라는 호칭을 사용해요. 그리고 복지시설을 이용하는 분들을 '클라이언트'라고 하는데, 사회복지사들은 이 단어를 고유 명사처럼 사용해요. 사회복지 시설을 이용하는 분들을 수급자, 독거노인, 고아, 장애인이라고 부를 수는 없죠. 이는 이분들의 사회복지 서비스 권리를 인정하지 못하는 태도예요. 사회복지사들은 이들을 클라이언트라고 부르며 '사회복지 서비스를 받을 자격이 있는 고객'이라는 의미를 담아 존중하죠. 따라서 모든 국민은 잠재적인 사회복지 서비스의 클라이언트라고 볼 수 있어요.

또 하나는 사례관리라는 표현을 써요. 영어로는 Case Management라고 하는데요. 우리가 만나는 클라이언트가 배고픔만 해결하길 원한다면 음식만 제공하면 되고, 공부 도움을 받고 싶다면 학원을 연결해 주면 되지만, 어떤 경우에는 훨씬 더 복잡한 상황이 있어요. 예를 들어, 아버지의 갑작스러운 실직으로 가계가 어려워지고, 어머니의 병환, 아이의 등교 거부, 할머니의 치매까지 겹쳐 극심한 어려움을 겪는 가정을 상상해 보세요. 이러한 상황 속에서 아이는 아버지로부터 학대를 받아 가출한다면, 단순히 음식이나 상담만으로는 해결할 수 없는 복잡한 상황에 직면하게 되죠. 이때 사례관리는 종합적인 서비스를 제공하여 탈출구를 마련해 줘요.

사회복지사는 아버지, 어머니, 아이, 할머니를 만나 각자의 어려움을 파악하고 필요한 지원을 제공해요. 어머니는 병원에서 치료받게 하고, 아버지는 직업 훈련을 지원하고, 치매 할머니는 요양센터를 이용하도록 하는 등 각자에게 맞는 지원 계획을 수립하여, 실천해 나가죠. 일정한 생활비가 없다면 실업 급여나 수급자로 선정될 수 있도록 도와주고, 집이 필요하면 임대 주택을 알아봐 주고, 관리비나 전기세 체납 문제 해결을 위해 관련 기관과 연계하여 지원받도록 도와요. 아이의 학교 생활 적응을 위해 담당 선생님과 상담하고, 학습 지도를 제공하며, 부모에게는 자녀와의 의사소통 교육을 통해 건강한 가족 관계 회복을 위해 돕죠. 이처럼 클라이언트의 복잡한 문제들을 해결하고 다양한 서비스를 제공하는 것을 사례관리라고 해요. 사회복지의 꽃이라고 표현하는 사회복지사들도 있는 만큼, 사례관리는 사회복지 분야에서 중요한 역할을 수행하죠.

사회복지사의 일과가 궁금해요.

편 사회복지사의 일과가 궁금해요.

전 각 사회복지기관과 담당 업무마다 일과가 다르기 때문에,
몇 가지 예시를 보여드릴게요.

ⓐ 지역주민 프로그램

❶ 사회복지관 경로식당 담당 사회복지사

사회복지관에서는 어르신이나 장애인에게 식생활 지원을 제공하는 경로식당을 운영해요. 복지관에 방문하여 식사하거나, 거동이 불편한 분은 집으로 점심 식사를 가져다드리죠. 오전에는 조리된 음식을 각 가정으로 배달하고, 경로식당에서 식사할 수 있도록 지원해요. 오후에는 식사 지원 현황을 기록하고, 결석한 분들의 안부를 확인하며, 타 전문가들과 협의하고, 사업 관련 행정 업무 등을 진행하고요.

시간	월~금
9:00	출근
~11:00	음식 조리 확인 및 도시락 배달 진행
~12:00	어르신 점심 식사 진행
~13:00	휴게 시간
~18:00	행정 업무, 이용자 관리, 타 전문가들과 협의
18:00	퇴근

❷ 지역아동센터 사회복지사

지역아동센터는 초등학생이나 중학생이 하교 후에 방문하는 곳으로, 학기 중과 방학 중 운영 방식이 달라요. 학기 중에는 오전에 행정 업무와 프로그램 준비, 부모 상담 등을 진행해요. 오후에는 아이들이 등원하면 숙제 제도와 학습 지도, 간식 지도, 프로그램 진행, 저녁 식사를 제공하고요.

시간	월~금
10:00	출근
~12:00	행정 업무 프로그램 준비 부모 상담/학교 교사 등과 협의
~13:00	휴게 시간
~19:00	아동 등원 및 돌봄, 간식 지도, 프로그램 진행, 석식 지원, 기본 생활지도, 귀가 지도
19:00	퇴근

❸ 아동 생활 시설 사회복지사

아동 생활 시설은 아동·청소년이 생활하는 사회복지 시설이에요. 오전에는 아이들이 일어나서 학교 등원을 준비하도록 생활지도를 하고, 하교 후에는 숙제, 학습, 개별 일정 관리, 저녁 식사, 신변 관리 등을 지원하죠. 아동들이 24시간 365일 생활하는 곳이기 때문에, 사회복지사들은 보통 하루 8시간 3교대로 근무하거나 하루 12시간 2교대로 근무해요.

시간	월~일
07:00~ 10:00	아동 기상, 이불 개기, 옷 갈아입기, 아침 식사, 양치 지도, 건강 확인, 학교 및 어린이집 등원 지도
~12:00	생활관 청소, 세탁, 행정 업무
~13:00	점심 식사 / 아동 식사 지도
~17:30	아동 하교 지도, 학습. 숙제 지도, 개별 일정 관리 (학원, 치료 등), 간식 지도, 외근 업무, 물품 구매
~18:30	저녁 식사 지도
~22:00	아동 샤워 및 신변 관리 지도, 아동 개별 활동, 취침 지도, 인원 점검
~23:00	중고생 개별 상담 및 나눔, 취침 지원
~익일 07:00	행정 업무 및 라운딩

❹ 중증 장애인 생활 시설 사회복지사

중증 장애인은 일상생활 활동을 스스로 수행하기 어려운 분들을 말해요. 식사, 배설, 옷 관리, 약 복용 등 일상생활의 모든 활동에 도움이 필요하죠. 사회복지사들이 24시간 365일 도와줘야 해서 2교대, 3교대로 근무해요.

시간	매일 정기	수시
8:00	오전 회의	기저귀 교체, 의복 교체, 이동 지원, 위생 관리, 청소, 세탁, 위생 관리, 라운딩
~09:30	식전 약 복용, 조식. 조식 약 복용	
~11:30	행정 업무	
~13:00	중식, 중식 약 복용	
~18:00	프로그램 준비 및 프로그램 진행 수분 섭취, 간식 지원	
~19:00	석식, 석식 약 복용	
~22:00	목욕 지도, 취침 지도	
~익일 07:00	행정 업무 및 라운딩	
~익일 08:00	기상, 이불 정리, 위생 지도, 식사 및 약 복용 후 등원 지도	

❺ 장애인 단기 시설 사회복지사

장애인 단기 시설은 자폐성 장애나 지적 장애인이 보호자의 돌봄 부담을 잠시 덜어주기 위해 일시적으로 이용할 수 있는 시설이에요. 주말에는 가족과 함께 시간을 보내고, 월요일부터 금요일까지 주중에 이용하는 형태와, 24시간 365일 이용하는 형태가 있어요.

시간	매일 정기		수시
	거주 시	등 하원 시	
8:00	직원 회의		이용자 일상 케어, 위생 관리, 청소, 세탁, 위생 관리, 라운딩
~8:30	기상, 이불 정리	등원 지도	
	위생 지도, 식전 약 복용		
~9:30	아침 식사		
~11:30	오전 프로그램 진행 및 지원		
~12:30	점심 식사		
~16:30	휴식, 프로그램 진행, 간식 지원, 일상 케어		
~17:30	샤워 지원	하원 지도	
~18:30	저녁 식사		
~21:30	개별 활동 지원, 대화 나눔	- -	
~22:30	취침 지원	-	
22:30~8:00	행정 업무 및 라운딩	-	

존경하는 인물이 있나요?

편 존경하는 인물이 있나요?

전 저는 역사 속 인물 중 헬렌 켈러를 가장 존경해요. 흔히 헬렌 켈러를 시청각 장애인으로만 알고 있지만, 실제로는 장애인 복지 활동과 인권 증진 운동에 헌신한 인물이었어요. 당시에는 사회복지사 자격증 제도가 존재하지 않았지만, 헬렌 켈러의 활동을 현대 사회복지사의 역할과 비교해 볼 때, 장애

⊙ 세상을바꾸는사회복지사 이명묵

ⓐ 세상을바꾸는사회복지사 이명묵

인 사회복지사의 활동과 맥락을 같이 한다고 볼 수 있어요. 그
녀는 사회 전반에 걸쳐 장애인 권익 증진을 위한 활동을 펼쳤
으며, 여성 참정권 운동에도 앞장섰어요. 또한, 기부금을 모금
하여 장애인 교육 기관 설립과 운영에 기여하는 등 헌신적인
노력을 기울였어요. 자신도 시청각 장애를 경험했지만, 장애
인 인권 운동에 헌신하며 탁월한 활동을 펼쳤죠. 가까운 곳에
서 만난 사회복지사 중에는 이명묵 사회복지사를 소개하고 싶
어요. 아동 시설과 장애인 시설에서 일을 하다가 정년 퇴임한

사회복지사인데요, 정년 퇴임 이후에도 사회복지 전문 출판사 운영, '세상을 바꾸는 사회복지사' 사회운동, 사회복지사를 위한 공간 운영을 하면서 지속적인 사회복지사 활동을 이어가고 있어요. 특히 '세상을 바꾸는 사회복지사'는 어린이 병원 건립 운동, 주거권 운동, 노후 소득 운동 등 다양한 사회복지 문제 해결을 위해 100여 명의 사회복지사들이 직접 나서 토론회 개최, 시위 참여, 신문 광고 등의 활동을 펼치고 있답니다. 이러한 사회복지사들의 헌신적인 모습을 보면, 저도 65세가 넘어 은퇴하더라도 사회복지사로서 사회에 기여하는 삶을 살고 싶다는 생각이 들어요.

이 직업의 가장 큰 매력은 무엇인가요?

(편) 이 직업의 가장 큰 매력은 무엇인가요?

(전) 사회복지사의 가장 큰 매력은 바로 다양한 연령대와 배경을 가진 사람들을 만날 수 있다는 점이에요. 갓 태어난 아기부터 죽음을 앞둔 고령의 어르신까지, 사회복지사는 인생의 모든 단계를 경험하는 사람들을 만나게 되죠. 단순히 만나는 것을 넘어, 전문적인 지식과 기술을 바탕으로 그들의 어려움을 해결하고 삶을 변화시키는 데 도움을 주는데요, 이러한 경험은 사회복지사에게 가장 큰 보람이며, 삶의 의미를 느낄 수 있는 소중한 순간이에요.

유아기에 걸음마나 한글 습득에 어려움을 겪었던 아이가 복지관의 도움으로 대학교에 진학하고 찾아오는 경우가 있어요. 또한, 가족을 잃고 소년 · 소녀 가장이 되어 어려움을 겪던 아이가 성장하여 직장인이 되어 찾아오는 경우도 있고요. 우리 사회에는 기업이나 개인이 자원봉사나 후원을 통해 어려움을 겪는 사람들을 돕고 싶어 하는 따뜻한 마음을 가진 사람들이 많아요. 사회복지사는 이러한 따뜻한 마음을 가진 사람들과 어려움을 겪는 사람들을 연결하여 소통과 협력을 이끌어내는 역할을 하죠.

서울사회복지사협회 홈페이지의 인터뷰 내용에 따르면, 사회복지사들은 각자의 활동 분야에서 다양한 매력을 느끼고 있어요. 지역자활센터에서 근무하는 사회복지사는 참여 주민들이 기술을 익혀 자립하는 모습을 보며 보람을 느껴요. 노인복지센터에서 근무하는 사회복지사는 처음에는 낯설었던 어르신들과의 관계를 쌓아가며, 서로의 마음을 이해하고 소통하는 경험을 통해 보람을 느끼고요. 지역아동센터에서 근무하는 사회복지사는 정서적으로 어려움을 겪는 아이들의 성장 과정을 함께 하며, 아이와 부모 모두에게 긍정적인 변화를 가져다 줄 때 큰 보람을 느끼죠. 종합사회복지관에서 근무하는 사회복지사는 도움을 주었던 클라이언트와의 신뢰 관계를 구축하고, 끊임없는 노력을 통해 삶의 변화를 이끌어내는 경험을 통해 만족감을 느낀다고 해요.

인생은 누구나 어려움과 힘든 순간을 겪게 되죠. 사회복지사는 의식주, 심리, 가족 관계, 사회적 관계 등 다양한 측면에서 사람들의 삶 전반에 걸쳐 어려움을 겪는 사람들을 도울 수 있다는 게 특별한 매력이에요. 단순히 돈을 받는 대가로 수행하는 일이 아니에요. 사회복지사는 사회 구성원의 삶의 질 향상과 사회 발전에 기여하는 헌신적인 전문가로서, 그들의 노력은 사회 전체에 긍정적인 영향을 미치죠.

편 일을 그만두고 싶었던 적이 있나요?

전 사회복지사는 다양한 어려움을 겪는 사람들을 돕는 직업이지만, 매일 수많은 사람과 대면하는 서비스직이라는 특징도 있어요. 저는 복지관에서 일할 때 하루에 1,200명이 넘는 사람들을 만났어요. 300명은 노인 일자리에 참여하러 오고, 300명은 식사를 하러 오세요. 아이들은 학교가 끝나면 피아노 교실이나 방과 후 교실에 수업받으러 오고요. 또한, 장애가 있는 아이들은 치료받으러 왔고, 성인들은 꽃꽂이나 컴퓨터 수업을 배우러 왔어요. 심지어 자원봉사나 후원을 하는 분들까지 포함하니, 하루에 만나는 사람들의 수가 정말 많았어요.

그리고 기쁘고 좋은 일이 있을 때보다는 어렵고 힘든 상황에 부닥친 사람들이 더 많이 찾아오는 현실적인 측면도 있어요. 삶의 만족도가 높고 행복한 분들보다는 힘든 상황에 부닥쳐 도움을 요청하는 분들을 더 많이 만났어요. 어려움을 겪는 사람들은 정서적으로 불안정하고 공격적인 반응을 보이는 경우가 많았죠. 저는 그러한 상황에서도 도움을 드리고자 노력했지만, 상상 이상의 반응을 경험하기도 했어요. 서비스직이라는 특성상 사회복지사는 높은 강도의 감정 노동을 경험하게 되죠.

또 소중한 클라이언트들의 상실과 아픔을 직접 경험하기도 해요. 오랫동안 알고 지냈던 분들이 질병이나 노환으로 사망하는 슬픔을 느끼기도 했고, 극단적인 선택을 하는 사람들을 목격하며 큰 충격을 받기도 했어요. 아무리 열심히 도와드려도 상황이 더 안 좋아지는 분들을 보며 무력감을 느끼기도 했고요. 병이 더 심해지거나 가족 관계가 더 나빠지는 분도 분들을 보며 괴로워하기도 했고, 걱정되어 연락하고 찾아가면 귀찮다고 연락을 끊고 잠적하는 분들도 있었죠. 하지만 그분들의 삶을 존중하고, 그들의 결정을 인정해야 한다는 걸 알고 있어요. 제가 대신 선택을 해줄 수는 없지만, 언제든지 도움을 요청할 수 있도록 지켜보고 기다리는 자세를 유지하죠.

사회복지사가 일을 그만두고 싶은 이유와 계속 이 일을 하는 이유는 본질적으로 동일해요. 바로 사람 때문이죠. 클라이언트와의 관계 개선과 성장은 사회복지사에게 긍정적인 에너지를 불어넣고, 끊임없이 노력해도 변화가 없는 상황은 좌절감과 죄책감을 불러일으키기도 해요.

편 직업병이 있나요?

전 좋은 면과 나쁜 면이 있는데요. 좋은 점으로는 진행병과 도우미 병이라고 할 수 있을 것 같아요. 어디에 가서든 진행자가 버벅거리면 도와줘야 할 것 같고, 식당에 가면 수저를 놓고 동행자들에게 컵과 물을 챙겨주는 등 적극적으로 일하는 편이에요. 또한, 누가 말을 할 때는 경청하고 리액션을 많이 해주는 편이고요.

하지만, 일상에서 어려움을 겪는 사람들을 많이 만나면서 무감각해지는 측면도 존재해요. 예를 들어, 길거리에서 구걸하는 분을 보면 돈을 주지 않는 경우가 있어요. 제가 그렇게 하는 이유는, 이분들이 이미 정부로부터 수급비와 장애인 수당을 받고 있다고 생각하기 때문이에요. 또한, 돈을 주지 않는 것이 구걸을 멈추게 하는 방법이라는 생각도 들고요. 장기적으로 이것이 그분에게 더 도움이 될 거라고 판단하기 때문이죠. 하지만, 동시에 누군가의 강요로 구걸하는 것은 아닌지 의심되기도 하고, 정부나 민간 사회복지 서비스를 이용할 수 있는데 그렇지 못한 상황인지 궁금하기도 해요. 그래서, 도와야 할지 고민하는 경우가 많죠.

편 스트레스는 어떻게 해소하세요?

전 내향적인 성격 때문에 퇴근 후에는 혼자 있는 시간을 통해 휴식을 취해요. 퇴근 후에는 낮에 있었던 클라이언트나 업무에 대한 생각을 되도록 하지 않도록 노력하고요. 우리가 만나는 분들의 대부분이 하루 이틀에 해결되지 않는 장기적인 문제를 가지고 있기 때문에 과도한 책임감을 가지고 24시간 365일 클라이언트 생각에 얽매여서는 안 돼요. 냉정하게 문제를 분석하고 전문적으로 도움을 제공할 방법을 마련해야 하죠. 그래서 집에 돌아가면 최대한 업무에 대한 생각을 하지 않도록 노력해요.

하지만, 어려운 클라이언트를 만나 문제를 해결해야만 스트레스가 풀리기 때문에 끊임없이 노력해요. 제 기준으로는 이해하기 어려운 모습이나 현상이라도 심리학과 상담학을 지속해서 학습하며 클라이언트를 좀 더 깊이 이해하려고 노력하죠. 또한, 동료들이나 타 분야 전문가들과의 회의를 통해 클라이언트의 상황을 논의하고, 이분에게 가장 적합한 개입 방안을 함께 모색해요.

편　이직도 많이 하나요?

전　사회복지사 자격증 취득 경로가 다양하기 때문에 사회복지를 처음 시작하는 연령대도 다양해요. 대학교 졸업 후 바로 사회복지사로 취업하는 20대 초반부터 첫 직업을 은퇴하고 두 번째 직업으로 사회복지를 시작하는 50대까지 다양한 연령대의 분들이 함께 일하고 있어요. 이러한 다양성으로 인해 사회

⊙ 외부 전문가들과 회의

복지기관 내에 이직도 발생해요. 예를 들어, 아동 기관에서 장애인 기관으로, 종합사회복지관에서 노인주간보호센터로 이동하며 대상을 바꿔 이직하는 경우가 있어요. 처음에는 자신에게 잘 맞는 클라이언트가 누구인지 파악하기 어려울 수 있지만, 경험을 쌓으면서 찾아가게 되죠.

또한, 생활 시설은 2교대 또는 3교대 근무를 하고, 이용 시설은 출퇴근 형태로 운영되기 때문에 시설 유형을 변경하여 이직하는 경우도 있어요. 민간 사회복지기관에서 공무원으로 전환하거나, 공무원으로 근무하다가 민간 사회복지기관으로 돌아오는 경우도 있죠. 물론 저처럼 같은 기관에서 오랫동안 근무하는 사람도 있고요. 저는 처음 입사한 기관에서만 20여 년 동안 일했는데, 32년 동안 근속하는 사회복지사도 있었답니다. 개인의 성향과 상황에 따라 이직 경험은 다양하게 나타나요.

하지만 사회복지사의 직업이 본인과 맞지 않아 그만두고 다른 분야로 가는 경우도 있어요. 사회복지사로 일하다가 사업을 시작하거나 도배, 자동차 딜러 등 전혀 다른 분야로 이직하는 경우도 있고요. 또한 사회복지 현장에서 축적한 경험을 바탕으로 상담 전문가, 언어 치료사, 심리검사 전문가, 장애인 전문 직업 훈련가 등 사회복지와 관련된 유사 분야로 이직하는 경우도 많아요. 평생직장이라는 개념이 사라지고, 다양한 경험을 통해 성장하는 것이 중요시되는 현대 사회에서 이러한 이직 현상은 자연스러운 변화라고 생각해요.

사회복지사 직업을 잘 묘사한 작품이 있나요?

[편] 사회복지사 직업을 잘 묘사한 작품이 있나요?

[전] 지금까지 영화와 드라마에서 사회복지사는 주인공보다는 주로 보조적인 역할로 등장하는 경우가 많았어요. 몇 가지 작품을 예로 들면, 네이버 웹툰 〈착한 여자 안선해〉의 초반 부분에서는 사회복지사의 역할이 잘 묘사되어 있으며, 일본 9부작 드라마 〈사일런트 푸어〉에서는 사회복지사 '사토미 료'가 지역 사회의 노인과 저소득층을 돕는 모습을 잘 보여주고 있어요. 영국 영화 〈추방된 아이들〉은 사회복지사 '마거릿 험프리'가 영국에서 호주로 고아들을 강제 이민시키는 정부의 만행을 알게 되면서, 강제 이주를 당한 아이들과 가족을 다시 만나게 해주고 이 사건을 국제 사회 이슈로 끌어올리는 과정을 잘 보여주는 작품이죠. 우리나라 영화 〈감쪽같은 그녀〉는 독거노인의 시설 입소, 병원 동행, 손녀의 입양 과정에서 사회복지사의 다양한 역할을 보여주고 있어요. 드라마 〈슬기로운 의사생활〉에서는 아동 보호 전문기관의 사회복지사와 병원에서 일하는 의료 사회복지사의 모습이 잠시 등장하고요.

이 직업의 전망은 어떤가요?

편 이 직업의 전망은 어떤가요?

전 사회복지사는 인공지능 시대에도 유망한 직업으로 그 가치를 인정받고 있어요. 사실, 정신 활동 측면에서 AI는 인간의 능력을 뛰어넘는 부분이 많아요. 이미 인간의 수학 계산 능력보다 인공지능이 훨씬 뛰어나다는 것은 누구나 알고 있는 사실이고요. 하지만, 물리적인 활동 능력은 아직 초기 단계에 머물러 있어요. 사회복지사의 핵심 역할은 바로 사람과의 대면 서비스예요. 가정마다 로봇 강아지가 있다고 해도, 사람들은 여전히 사람과의 소통과 공감을 나누고 싶어 해요. 아무리 편한 키오스크가 설치되어도, 장애인이나 어르신들은 이용에 어려움을 겪을 수 있고요. AI는 대면 서비스, 직접적인 활동, 사람과 사람의 연결, 사람과 사회의 연결, 그리고 공동체 형성과 같은 분야에서 아직 부족한 부분을 가지고 있어요. 바로 이러한 부분에서 사회복지사의 역할이 더욱 중요해지는 거죠.

사회문제는 날로 복잡해지고 있으며, 이에 따라 사회복지 영역의 중요성 또한 더욱 커지고 있어요. 최근 사회복지 분야에서는 새로운 용어로 '자립 준비 청년'과 '영케어러'가 등장했어요. 영케어러는 가족 돌봄을 하는 자녀를 의미하는 말로, 가족 돌봄 청년이라고 불러요. 이들은 부모, 조부모 등 가족들을 돌보면서 동시에 집안일을 하고, 학교에 다니는 아동·청소년 이에요. 또한 보육원 출신 청년들이 자립 과정에서 겪는 어려움과 고독으로 인해 높은 자살률을 보인다는 사회적 문제 또한 지속되고 있죠. 이처럼 사회가 해결해야 할 다양한 문제들이 끊임없이 증가하고 있는 상황에서 앞으로 사회복지 영역은 더욱 확대될 것이며, 전문 사회복지사의 역할은 더 중요해질 거예요.

현재 사회복지사로 일하는 분들 또한 긍정적으로 전망하고 있어요. 사회복지는 실천 학문으로서, 아무리 많은 학습을 쌓더라도 직접 사회복지 현장에서 클라이언트를 만나야만 얻을 수 있는 현장 경험과 노하우는 매우 중요한 가치로 평가받고 있어요. 따라서 현장 경험을 가진 사회복지사는 사회복지사 대상 강사로 활동하거나 예비 사회복지사를 양성하는 대학교 사회복지학과에 외래 교수로 활동하기도 해요. 최근에는 사회복지 시설에서 근무하지 않고 혼자 일하는 프리랜서 사회복지사들도 등장하고 있어요. 저 또한 사회복지사로 20여 년간의 경력을 바탕으로 사회복지 관련 책을 집필하고, 사회복지사를 대상으로 강의를 하고, 대학에서 외래 교수로도 활동하고 있어요.

SOCIAL
WORKER

사회복지사가
되는 방법

사회복지사가 되는 방법을 알려주세요.

편 사회복지사가 되는 방법을 알려주세요.

전 사회복지사가 되려면 먼저 사회복지사 자격증을 취득해야 해요. 자격증 취득을 위해서는 대학에 가는 방법과, 대학을 안 가는 방법이 있어요.

사회복지사가 되는 방법			
구분	대학원	대학		기타
사회복지사 2급 취득 사회복지사 2급 취득	대학원 사회복지 전공자 대학원 사회복지 전공자	대학 졸업	전문대학 졸업	학점은행제, 그 외
		전공 무관, 필수 과목 이수		
사회복지사 1급 시험 응시 자격	졸업 예정 상태 (2급 취득 예정)로 바로 응시 가능	2급 취득 이후 사회복지 상근직으로 실무 경험 2,080시간 이상인 자		
사회복지사 1급 취득	국가시험에 합격한 자			

대학에 진학했다면 전공에 상관없이 사회복지학과 필수 과목을 이수하면 사회복지사 2급 자격증을 취득할 수 있어요. 하지만 대학에 진학하지 않은 경우는 학점은행제 또는 양성 과정 교육을 수료해야 해요. 필수 과목 10과목과 선택 과목 4과목을 이수하면 돼요.

구분	과목명	이수 과목
필수 과목 (10과목)	사회복지개론, 사회복지정책론, 사회복지법제, 사회복지실천론, 사회복지실천기술론, 사회복지조사론, 사회복지행정론, 인간행동과 사회환경, 지역사회복지론, 사회복지현장실습	필수 10개
선택 과목 (27과목)	노인복지론, 가족복지론, 정신건강론, 자원봉사론, 청소년복지론, 장애인복지론, 여성복지론, 학교사회사업론, 의료사회사업론, 아동복지론, 교정복지론, 사회보장론, 사회문제론, 산업복지론, 사회복지 윤리와 철학, 정신보건 사회복지론, 사회복지 지도감독론, 사회복지 자료분석론, 프로그램 개발과평가, 사회복지발달사 등	선택 4개

대학에서 사회복지학과 필수 과목을 이수한 사람과 그렇지 않은 사람은 2급 자격증 취득까지는 과정이 비슷하지만, 1급 자격증 취득 조건은 달라져요. 4년제 대학과 대학원을 졸업한 사람은 별도의 실무 경험 없이 바로 1급 시험을 볼 수 있는 반면, 2년제 대학이나 학점은행제를 이수한 사람은 만 1년 이상, 즉 2,080시간을 사회복지사로서 업무를 수행해야만 1급 시험을 응시할 수 있는 자격이 주어져요.

편 자격증 하나로 모든 분야에서 일할 수 있나요?

전 사회복지사 자격증을 취득하면 사회복지기관에서 일할 수 있어요. 하지만 학교, 병원, 정신건강기관이나 공무원으로 일하고 싶다면 추가적인 공부가 필요해요. 영역별 사회복지사라고 하는 학교 사회복지사, 의료 사회복지사, 정신건강 사회복지사는 사회복지사 1급을 취득하고 별도의 공부 과정이 있어요. 공무원으로 일하고 싶다면 2급 자격증을 취득하고 공무원 시험에 합격해야 하고요.

영역별 사회복지사가 되는 방법을 알려주세요.

편 영역별 사회복지사가 되는 방법을 알려주세요.

전 1급 사회복지사 자격증을 보유하고 보건복지부 장관이 지정하는 수련기관에서 수련 과정을 이수한 사람은 학교 사회복지사, 의료 사회복지사, 정신건강 사회복지사가 될 수 있어요.

학교 사회복지사	의료 사회복지사	정신건강 사회복지사
실습 830시간, 학술 20시간, 이론 150시간	이론 40시간, 실무 960시간	실습 830시간, 학술 20시간, 이론 150시간
사회복지사 1급 자격증 취득 후 1,000시간 수련		

학교 사회복지사는 초등학교, 중학교, 고등학교에서 근무하며 해당 학교 학생들의 교육복지를 증진하고 다양한 어려움을 겪는 학생들을 지원하는 사회복지사예요. 1급 자격증 취득 후 830시간의 실습, 20시간의 학술 교육, 150시간의 이론 교육 등 총 1,000시간의 수련 과정을 이수해야 해요.

의료 사회복지사는 주로 병원에서 근무하며 환자와 그 가족이 직면하는 다양한 어려움을 해결하고 의료복지를 실천하는 사회복지사예요. 의료비 지원, 간병인 연계, 지역사회 간호 등 환자와 가족에게 필요한 다양한 지원을 제공해요. 1급 자격증 취득 후 수련 과정을 거쳐야 하는데, 이 과정은 40시간의 이론 교육과 960시간의 실무 교육으로 구성되어 있으며, 총 1,000시간이 소요돼요.

정신건강 사회복지사는 주로 국공립병원, 종합병원, 정신건강센터 등에서 정신질환자의 치료 및 재활 과정을 지원하고 정신건강 복지를 실천하는 사회복지사예요. 1급 자격증 취득 후 830시간의 실습, 20시간의 학술 교육, 150시간의 이론 교육을 포함한 총 1,000시간의 수련 과정을 이수해야 해요.

편　채용 정보는 어디에서 확인해요?

전　특정 기관에 취업을 희망하는 경우, 해당 기관의 홈페이지를 꼼꼼하게 살펴보는 것이 중요해요. 사회복지기관은 채용 시 최소 15일 동안 채용 공고를 게재해야 하며, 이 공고는 기관 홈페이지, 내부 게시판, 운영 법인 홈페이지 등을 통해 확인할 수 있어요. 특정 기관에 대한 정보가 부족한 경우에는 지역 사회복지사협회 홈페이지(**예**한국사회복지사협회, 서울사회복지사협회)를 방문하여 관련 정보를 얻을 수 있어요.

영역별 사회복지사는 학교사회복지사협회, 대한의료사회복지사협회, 한국정신건강사회복지사협회 홈페이지에서 확인할 수 있어요. 공무원 사회복지사는 정부에서 발행하는 공무원 시험 공고문을 통해 채용 정보를 확인하고 응시해야 해요. 사회복지직 공무원은 국가직이 아닌 지방직만 운영되므로, 현재 거주 지역의 공고문을 확인하는 것이 중요해요.

기출문제의 시험 난이도는 어떤가요?

편 기출문제의 시험 범위와 난이도는 어떤가요?

전 사회복지사 1급 시험 준비에 도움이 되는 기출문제집은 서점에서 쉽게 구입할 수 있어요. 또한, 인터넷 강의와 각 지역 사회복지사협회에서 운영하는 특별 교육과정 등 다양한 학습 방법을 활용하여 효과적으로 공부할 수 있어요. 시험은 총 3과목 8개 영역으로 구성되며, 객관식 오지선다형 문제 200개로 진행돼요. 각 문제는 1점이며, 200점 만점이에요. 매년 12월 초 일주일 동안 접수되며, 시험은 1월 말부터 2월 초까지 진행됩니다. 한국산업인력공단에서 주관하며, 서울, 부산, 대구, 인천, 등 12개 지역에서 시행돼요.

1교시는 〈인간 행동과 사회환경〉, 〈사회복지 조사론〉으로 각 과목은 25문제이며, 50분 동안 진행돼요. 2교시는 〈사회복지 실천론〉, 〈사회복지실천기술론〉, 〈지역사회복지론〉으로 각 과목은 25문제이며, 75분 동안 진행되고요. 3교시는 〈사회복지정책론〉, 〈사회복지행정론〉, 〈사회복지법제론〉으로 각 과목은 25문제이며, 75분 동안 진행됩니다. 시험 합격은 절대 평가 기준으로 진행되며, 과목별 최저 합격점은 40%, 전 과목 총점의 최저 합격점은 60%예요.

편   시험 난이도는 어떤가요?

전   매년 합격률이 다르지만, 최근 7년간의 평균 합격률은 39%예요.

구분	응시자	합격자	합격률
2018년	21,975	7,352	33.46%
2019년	22,646	7,734	34.15%
2020년	25,462	8,388	32.94%
2021년	28,391	17,158	60.43%
2022년	24,248	9,873	36.10%
2023년	24,119	9,673	40.10%
2024년	25,458	7,633	29.98%

출처: 한국사회복지사협회 홈페이지

1급 자격증과 2급 자격증은 어떤 차이가 있나요?

편 1급 자격증과 2급 자격증은 어떤 차이가 있나요?

전 기본적인 업무 내용은 사회복지 서비스 제공으로 동일하지만, 채용 기관에 따라 자격증 종류에 따라 역할 및 직무 차등을 두는 경우가 있어요. 예를 들어, 1급 자격증을 가진 사람만 정규직에 응시할 수 있도록 제한을 두고, 2급 자격증을 가진 사람은 계약직으로만 응시할 수 있도록 한다거나, 특정 기관이나 직무는 1급 소지자만 채용하는 등의 기관별 차이는 있어요.

저의 경험에 따르면, 제가 근무했던 기관에서는 계약직 사회복지사 채용 시에는 자격증 종류에 제한이 없었으나, 정규직 사회복지사 채용 시에는 1급 자격증을 가진 지원자를 우대하는 경향이 있었어요. 그런데 학교 사회복지사, 의료 사회복지사, 정신보건 사회복지사가 되고 싶다면, 먼저 1급 자격증을 취득하고, 영역별 추가 수련을 거쳐야 영역별 사회복지사 자격증을 취득할 수 있어요.

노력을 기울여야 하는 과목이 있나요?

편 학창 시절에 노력을 기울여야 하는 과목이 있나요?

전 사회복지사는 다양한 사회문제 해결의 핵심이자 효과적인 소통의 전문가예요. 사회복지사의 역할과 책임은 사회 현상, 사회문제, 법, 사회 문화, 정책 형성 과정 등에 대한 깊은 이해를 기반으로 이루어지며, 이를 위해 사회와 국어 과목의 학문적 지식이 매우 유용하게 활용되죠. 또한, 사회복지사는 장애인, 치매 어르신, 다문화 여성, 아이, 청소년, 청년, 성인 등 다양한 배경을 가진 사람들과 효과적으로 소통하기 위해 읽기, 쓰기, 말하기, 듣기 능력을 갖추어야 해요.

사회복지사가 되기 위해서는 과목 지식뿐만 아니라 뛰어난 인성도 갖춰야 해요. 사회복지기관에서는 인·적성 검사를 통해 지원자의 사람에 대한 관심과 도우려는 마음을 평가하죠. 사회복지사의 가장 중요한 자질은 바로 사람에 대한 진심 어린 관심과 도우려는 마음이에요. 아무리 사회에 대한 지식이 풍부하고 의사소통 능력이 뛰어나도, 사람에 대한 관심이 없거나 도우려는 마음이 없다면 사회복지사로서 해야 할 역할을 제대로 수행하기 어려워요.

편 유리한 전공과 자격증은 어떤 건가요?

전 대학에 진학할 때 사회복지, 아동복지, 장애인복지, 복지경영 등 '복지'라는 단어가 들어간 전공을 선택할 수 있어요. 이러한 전공을 이수하면 사회의 취약 계층을 지원하고, 삶의 질을 향상하는데 기여할 수 있는 전문적인 지식과 역량을 갖출 수 있죠. 또한, 심리, 상담, 철학 등 사람과 관련된 과목을 부전공이나 복수 전공으로 함께 배우면 사회복지사로 일할 때 다양한 사람들과의 소통 능력과 이해력을 향상하는 데 도움이 되고요. 대학을 진학하지 않더라도 학점은행제, 사이버대학 등을 통해서라도 사회복지사 자격증은 무조건 있어야 사회복지사가 될 수 있어요. 1급 자격증이 있으면 더욱 좋지만, 최소 2급 자격증이라도 소지해야 해요.

사회복지사들은 행정 업무도 수행하기 때문에 한글이나 PPT 등의 프로그램을 숙련된 능력으로 활용할 수 있어야 해요. 컴퓨터 활용 능력 관련 자격증이 필수는 아니지만, 예비 사회복지사들이 가장 많이 취득하는 자격증으로는 워드프로세서 자격증과 컴퓨터활용능력 등이 포함돼요.

그리고 운전면허증은 가능한 한 취득하도록 권장하고 싶어

⊙ 행정 업무하는 사회복지사

요. 사회복지사는 어르신이나 장애인 등 이동에 어려움을 겪는 분들과 함께 일하는 경우가 많아 자격증이 필요해요. 또한, 사회복지기관에서는 스타렉스 같은 다인승 차량을 많이 보유하고 있어 업무상 운전을 자주 하게 될 가능성이 높죠. 따라서 1종 운전면허증 취득을 권장하며, 실제 운전 연수는 취업 후에 해도 문제없으니, 먼저 자격증 취득을 권합니다.

어떤 성향의 사람이 이 직업과 잘 맞을까요?

편 어떤 성향의 사람이 이 직업과 잘 맞을까요?

전 사회복지기관에는 다양한 직무가 존재하기 때문에 개인의 성향과 적성에 맞는 역할 분담이 이루어질 가능성이 높아요. 저는 MBTI 강사로서 MBTI 유형별로 사회복지기관에서 수행할 수 있는 역할들을 분석해 봤어요.

내향형(I) 사회복지사는 소그룹 활동, 내근 업무, 다양한 문자 매체를 활용한 의사소통을 선호해요. 외향형(E) 사회복지사는 대규모 집단 프로그램, 외부 활동, 외근 업무, 전화 및 대면 말하기를 선호하고요.

직관형(N) 사회복지사는 미래 지향적인 관점으로 신규 프로그램 개발, 제도 개선 및 법률 제정, 방향 제시를 선호해요. 감각형(S) 사회복지사는 법과 제도 내에서 구체적으로 사회복지 사업을 계획해서 실현하고, 끈기 있게 반복하는 업무를 선호하죠.

사고형(T) 사회복지사는 클라이언트와 환경에 대한 객관적인 분석을 바탕으로 실천을 선호하며, 감정형(F) 사회복지사는 클라이언트의 감정에 대한 공감 능력을 바탕으로 실천을 선호해요. 판단형(J) 사회복지사는 구체적인 계획을 수립하고 명확한 목표를 설정하여 단계별로 실행하는 것을 선호하고, 인식형(P) 사회복지사는 유연한 적응 능력과 문제 해결 능력을 바탕으로 클라이언트나 상황의 변화에 따른 대처를 선호해요.

이러한 다양한 요소들이 조합되어 나만의 특징을 만들어내겠죠? MBTI 유형이 INTJ인 저는 소규모 그룹에서 집중적으로 작업하는 것을 선호하며, 미래 지향적인 관점에서 새로운 프로그램을 개발하고 전략을 수립하는 역할을 주로 수행했어요. 클라이언트, 환경, 프로그램에 대한 체계적인 분석을 바탕으로 객관적인 데이터와 논리적 사고를 통해 문제를 해결하고, 효과적인 계획을 수립했죠. 또한, 구체적인 계획을 수립하고 단계별로 꾸준히 실행하는 사회복지였답니다.

사회복지사들은 매우 다양한 역할을 수행하기 때문에 모든 유형의 사회복지사가 중요한 역할을 해요. 개인의 성향을 강점으로 삼아 누구나 사회복지사로 일할 수 있기 때문에, 실제 사회복지사들의 MBTI 유형도 매우 다양하고요. 어떤 유형인지보다는 사람들에게 진심 어린 관심을 가지고, 그들의 문제 해결을 위해 도와줄 수 있는 마음가짐이 중요해요. 또한, 경청 능력이 뛰어나고, 의사소통을 즐기며, 말과 글로 자기 생각을 명확하게 표현할 수 있는 사람이면 좋겠죠.

사람에 대한 관심이 많아야 하나요?

편 사람에 대한 관심이 많아야 하나요?

전 사람에 대한 관심은 단순히 내향적인지 외향적인지와 관련된 특성이 아니에요. 말을 많이 하는 것과도 다르죠. 저도 내향적인 성격이지만, 말을 많이 하지는 않더라도 사람에 대해 깊은 관심이 있어요. 저와 같은 내향적인 사회복지사는 1대 1 상담에서 클라이언트와의 진심 어린 소통을 통해 그들의 문제 해결을 돕는 데 강점이 있어요. 반면, 외향적인 사회복지사는 그룹 프로그램 운영이나 새로운 클라이언트 발굴과 같은 분야에서 역량을 발휘할 수 있죠. 따라서 사회복지사의 성격 유형보다는 사람에 대한 진정한 관심과 헌신이 훨씬 더 중요해요.

예를 들어, 어떤 분이 화를 내고 떠나셨다고 가정해 볼게요. 그 상황에서 '왜 저래?'라고 욕하기보다는 '저분은 왜 화를 냈을까? 몸이 아파서 그런가? 집에서 가족과 다툼이 있었나? 집에는 잘 들어가셨나? 조금 있다가 전화 한번 해볼까?'와 같은 관심과 배려를 보여주는 것이 중요해요. 사람에 대한 관심은 단순히 개인에 대한 관심뿐 아니라 사회 전반에 대한 관심도 포함하죠.

우리 지역에는 어려운 사람들이 있는 곳이 어디지?

후원을 하고 싶어 하는 사람들이 누구일까?

자원봉사를 하고 싶어 하는 사람이 누구일까?

후원이 필요한 사람은 누구일까?

자원봉사를 받아야 하는 사람은 누구일까?

우리 지역사회의 문제를 해결할 방법은 뭐가 있을까?

왜 장애인들이 지하철에서 시위를 할까?

왜 어르신들이 지하철로 택배를 할까?

신문에 우리 동네가 나온 기사는 무엇이 있을까?

등 사회에 대한 관심도 포함된답니다.

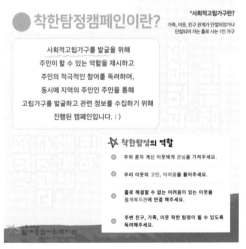

⊙ 고립 가구 발굴 캠페인, 모금 캠페인

청소년기에 어떤 경험을 하면 좋을까요?

편   청소년기에 어떤 경험을 하면 좋을까요?

전   직접 경험과 간접 경험이 있는데요, 간접 경험은 사회복지시설에서 자원봉사 활동을 하면서 사회복지사가 어떤 일을 하는지 눈으로 보는 거예요. 예를 들어, 복지관에서 어르신에게 제공하는 점심 식사 과정은 영양사가 식재료를 주문하고 메뉴를 구성하는 단계로 시작돼요. 이어서 조리사는 영양사가 구성한 메뉴에 따라 안전하고 위생적으로 음식을 조리하고요. 조리된 음식은 보조 인력이 도시락에 담아 어르신들의 가정에 배달하고, 식사 후 설거지를 진행해요. 활동지원사 또는 자원봉사자가 어르신들에게 밥을 떠서 자리에 놓고, 필요한 경우 직접 먹여드리기도 하고요.

그러면 사회복지사는 무엇을 할까요? 사회복지사는 꼼꼼한 조사와 상담을 통해 식사 지원이 필요한 어르신을 선정해요. 식사 지원이 필요한데도 복지관의 식사 서비스를 이용하지 못하고 있는 어르신들을 찾아 복지관 이용을 안내하고 지원하죠. 또한, 어르신 식사 프로그램 운영에 필요한 자금을 확보하기 위해 후원자를 대상으로 후원 요청서를 작성하고, 정부나 모금 단체에 제안서를 작성하여 지원을 요청해요. 지출 내역을 명확하게 기록하고 회계 관리도 수행하고요. 식사 제공 시간에 불참한 어르신의 안부를 확인하고, 결석 사유도 파악해요. 단순히 잊은 건지, 병원 입원, 응급 상황 등의 사유가 있는지 살펴보고요. 실제로 불참하신 어르신을 방문해 보니, 집안에서 정신을 잃고 쓰러져서 급히 병원으로 이송된 경우도 있고, 밤사이에 사망한 사실이 늦게 발견된 경우도 있었어요.

청소년이 봉사 활동에 참여하게 되면 다양한 사람들을 만날 수 있는 기회가 있을 거예요. 그때 어떤 분들이 어떤 어려움을 겪고 계셔서 이곳에 오셨는지, 사회복지사들과 어떤 이야기를 나누고 어떤 물품들을 어떻게 전달했는지 관찰해 보세요. 그리고 봉사 활동을 하면서 사회복지사들이 진행하는 다양한 프로그램에 적극적으로 참여해 보는 것도 좋은 방법이에요. 특히, 특정 기관에서 지속해서 자원봉사 경험을 쌓는 것도 도움이 되죠.

사회복지사 자격증을 취득하기 위해서는 사회복지 실습을 필수적으로 거쳐야 해요. 내가 꾸준히 자원봉사를 해온 기관에서 실습을 진행하는 것도 좋은 방법이에요. 중요한 것은, 단순히 자원봉사에만 참여하는 것을 넘어서 사회복지사들의 업무를 직접 관찰하고 경험하는 거예요. 좀 더 적극적인 활동으로는 우리 동네, 마을, 지역사회의 발전을 위해 직접 기획하고 실행하는 활동을 해보는 거죠. 우리 동네를 다니면서 마을을 위해 할 일이 무엇이 있는지 찾아보세요. 친구들과 봉사단을 만들어서 학교 동아리나 복지시설에서 봉사 활동을 하는 것도 좋은 방법이고요.

여담이지만, 청소년기에 하면 안 되는 경험도 있어요. 사회복지사 자격증 취득 후 취업 시에는 서류 심사와 면접 심사를 거쳐 범죄 기록 조회가 의무적으로 진행돼요. 사회복지기관에 채용 시에는 기본적으로 성범죄 기록과 범죄 기록을 조회하며, 아동보호시설에서는 아동 학대 관련 범죄 기록을, 노인요양시설에서는 노인 학대 관련 범죄 기록을 추가로 조회하고요. 벌금형 이상의 형을 선고받은 적이 있거나, 범죄를 저지른 적이 있거나, 병역 의무를 기피하거나, 기피 중인 자는 사회복지사로 일하는데 어려움을 겪을 수 있으니, 주의가 필요하겠죠?

사회복지를 이해하는 데
도움이 되는 책을 추천해 주세요

편　사회복지를 이해하는 데 도움이 되는 책을 추천해 주세요.

전　다양한 사회문제를 이해하는 데 도움이 되는 책으로는 『아픔이 길이 되려면』을 추천해요. 공중보건의사인 저자가 왜 가난한 사람들이 더 많이 아플까 하는 의문을 품고 혐오, 차별, 불안, 참사 등 사회적 상처를 깊이 있게 다룬 책이에요. 다양한 가족 문제를 이해하는 데 도움이 되는 책으로는 『이상한 정상가족』을 추천해요. 한국 사회에서 가족이란 무엇인가, 가족복지, 아동복지에 대해 생각하게 하는 책이죠.

사회복지기관을 이용하면서 자란 아이들의 성장을 이해하는 데 도움이 되는 책으로 『가난한 아이들은 어떻게 어른이 되는가』를 추천해요. 교사였던 저자는 가정에서 방임되는 아이들을 목격하고 학교 사회복지를 공부하게 되었죠. 빈곤 가정에서 자란 여덟 명의 아이와 복지관, 지역아동센터 등에서 10여 년간 교류하며 빈곤의 대물림과 사회복지 서비스의 효과성에 대해 생각하게 하는 책이에요.

개인의 경험이 삶에 미치는 영향을 이해하는 데 도움이 되

는 책으로 『태어나서 죄송합니다』를 추천해요. 출생신고가 되지 않은 미등록 아동으로 태어나 입양과 아동 학대라는 고난을 겪으며 자란 저자가 사회복지사가 되어 자신의 경험담을 담아 쓴 책이에요. 실제 사회복지사가 어떤 일을 하는지 알고 싶다면 『나 브랜드 사회복지사』, 『나는 사회복지 공무원의 길을 간다』에서 생생한 사회복지사의 직업 현장을 만날 수 있어요.

SOCIAL
WORKER

사회복지사가
되면

사회복지사가 되면 어디에서 일하나요?

편 사회복지사가 되면 어디에서 일하나요?

전 사회복지사는 다양한 곳에서 일하는데요, 사회복지기관, NGO 단체, 모금 전문기관, 공공 기관, 상담센터, 시민 단체, 연구 기관, 학교, 교육청, 협회, 병원, 기업, 재단, 해외 근무 등으로 나눌 수 있어요. 이 중에서도 사회복지사가 가장 많이 근무하는 곳은 사회복지기관이에요. 사회복지기관에는 사회복지관, 장애인복지관, 노인복지관, 지역아동센터, 키움센터, 보호전문기관, 생활 시설, 요양시설, 주야간보호센터, 공동생활가정 등이 있어요. 학교 사회복지사는 초·중·고등학교 복지실에서 근무하며, 의료 사회복지사는 종합병원 사회사업실에서 근무해요. 정신건강 사회복지사는 정신보건센터와 국공립병원 등에서 근무하고요. 이 외에도 일반 기업이나 재단의 사회공헌팀에 취업할 수도 있어요.

두 번째는 공공 기관이에요. 사회복지사 자격증을 취득한 후 공무원 시험을 봐서 사회복지직 공무원이 되는 거죠. 사회복지직 공무원은 보건복지부, 시청, 구청, 주민자치센터, 드림스타트센터, 교육지원청 등 다양한 기관에서 근무하며, 교정직 공무원으로서 교도소에서 근무하는 경우도 있어요. 사회서비스원이나 아동권리보장권의 경우, 자체 시험이나 전형을 통해 공무원으로 채용될 수 있고요.

　세 번째는 사회복지학 석사 또는 박사 학위를 취득하여 사회복지 연구원이나 학교 또는 연구 전문기관에서 근무하는 방법이에요. 사회복지 관련 조사와 연구, 사업 발굴, 효과성 평가 등을 수행하는 역할을 담당하죠. 이 외에도 해외에서 취업하는 경우도 있어요. 외국에서 사회복지사 자격증을 취득하여 현지에서 한국인 대상 사회복지 사업을 수행하는 사회복지사도 있고, 한국 사회복지기관에 취업했지만, 근무지가 해외인 경우도 있어요. 파견 근무로 나가거나 미국에 사회복지사로 취업하는 경우도 있고요. 또한, 국제기구에서 일하는 분들도 있답니다.

업무에 숙련되기까지 얼마나 걸리나요?

편 업무에 숙련되기까지 얼마나 걸리나요?

전 사회복지사의 업무에 익숙해지는 데에는 최소 3년 이상의 경력이 필요하다고 해요. 사회복지사의 급여는 호봉표라고 불리는 기준에 따라 결정되는데, 이는 자격증과는 달리 근무 연차와 직급에 따라 구분돼요. 호봉표는 1급부터 5급까지 다섯 개의 단계로 구성되어 있으며, 일반적으로 경력이 쌓일수록 높은 호봉에 속하게 되죠.

1급은 기관장급, 2급은 부장급, 3급은 과장급, 4급은 대리급, 5급은 사회복지급으로 신입이에요. 5급 사회복지사가 4급 대리 사회복지사로 승진하기 위해서는 최소 3년의 근무 경력이 필요해요. 이는 사회복지사가 클라이언트를 이해하고 사회복지 업무에 대한 기본적인 이해를 갖추는 데 최소 3년이 필요하다는 것을 의미하죠. 물론, 어느 한 분야의 전문가로 인정받기 위해서는 최소 10년 이상의 경력이 필요하다고 생각해요.

1급	2급	3급	4급	5급
기관장급	부장급	과장급	대리급	사회복지급

편 업무분장은 어떻게 되나요?

전 사회복지시설의 업무분장은 시설의 특성에 따라 다르게 운영돼요. 대표적인 사회복지시설 세 곳의 업무분장에 대해 알려드릴게요.

❶ 사회복지관
제가 근무했던 사회복지관은 사회복지사업법에 따라 세 가지 주요 사업을 운영하고 있어요. 복지 서비스, 주민 조직화, 사례 관리 사업으로 업무분장이 돼요.

사회복지관 업무분장

기관장			
부장			
사업팀			행정팀
1. 복지 서비스	2. 주민 조직	3. 사례관리	4. 총무팀

복지서비스팀은 아동·청소년, 가족, 노인, 장애인들에게 사회복지 서비스 제공을 주력으로 하는 팀이에요. 식사 제공, 취미 여가 프로그램 운영, 문화 체험 및 나들이 등을 통해 욕구에 맞는 복지 서비스를 제공해요.

주민조직팀은 지역 주민을 위한 공동체 조성 사업, 지역 문제 발굴 및 해결, 자원봉사와 후원자를 찾아 어려운 분들과의 연결을 지원하는 일을 해요.

사례관리팀은 다양한 어려움을 겪는 클라이언트를 전담해요. 상담, 심리검사, 병원 동행 및 건강 관리, 파산 등 경제 문제, 성년 후견, 학대 피해, 인권, 학교 부적응 등 다양한 문제에 개입하죠.

총무팀은 사회복지관 운영을 위한 행정 업무를 전담하는 팀이에요. 예산 및 회계, 인사, 사무, 총무 등 복지관을 운영하는 부서죠. 정부 보조금, 지원금, 후원금 등 재무 관리를 책임지고, 사용 보고서 작성 및 감사 대응을 수행해요. 또한, 부장과 기관장의 업무 지원을 통해 사회복지관 운영의 전반적인 관리를 총괄해요.

❷ 중증 장애인 거주 시설

중증 장애인 거주 시설에서는 사회복지사 한 명이 평균 다섯 명의 장애인을 담당해요. 사회복지사 외에도 간호사, 물리치료사, 영양사, 조리사, 재활교사 등 다양한 전문가들이 함께 일한답니다. 업무는 네 개 부서로 나뉘어 운영돼요. 생활지원팀은 사회복지사, 재활교사, 의료지원팀은 간호사, 물리치료사 영양지원팀은 양양사, 조리사가 담당해요.

원장			
사무국장			
사업팀			행정팀
1. 생활지원팀	2.\n의료지원팀	3.\n영양지원팀	행정지원팀

❸ 장애인 단기 거주 시설

　장애인 단기 거주 시설은 소규모 시설로 운영되기 때문에 업무분장이 비교적 단순해요. 총괄 책임을 지는 원장과 생활지원을 담당하는 사회복지사, 회계 업무를 담당하는 사회복지사로 구성되어 있어요.

	3. 원장	
사업팀		행정팀
1. 생활지원팀		2. 회계

편 연봉과 근무 시간 등이 궁금해요.

전 사회복지사의 연봉은 고용 형태에 따라 차이가 있어요. 계약직의 경우 최저임금 수준으로 지급되는 경우도 있지만, 정규직과 동일한 수준의 연봉을 지급하는 때도 있어요. 정규직 사회복지사의 급여는 매년 지자체별 호봉표에 따라 결정되며, 지역별 차이가 있기 때문에 서울 근무 사회복지사와 부산 근무 사회복지사의 연봉이 다를 수 있어요. 그뿐만 아니라 근무하는 기관의 종류(국비 지원시설, 시비 지원시설, 이용 시설, 생활 시설, 복지관, 가족센터)에 따라서도 연봉이 달라질 수 있어요.

서울시 기준으로 살펴보면, 2024년 9급 공무원 1호봉 기본급은 1,815,100원이에요. 서울의 복지관에 신입 정규직으로 입사하는 경우, 5급 사회복지사 1호봉은 2,344,000원의 기본급을 받아요. 이 외에 매월 다양한 수당이 지급돼요. 급식비, 시간외 근무수당, 가족 수당, 명절 수당, 복지포인트, 법인 수당 등이 있어요. 수당 규모는 개인 상황에 따라 달라지지만, 최저 30만 원부터 몇 백만 원까지 지급돼요. 공무원 급여 인상률에 따라 사회복지사 급여도 인상되는데요, 예를 들어, 올해 공무원 급여가 2.5% 인상되면 사회복지사 급여도 2.5% 인상되죠.

근무 시간은 근로기준법에 따라 주 40시간 근무를 원칙으로 운영해요. 이용 시설은 9시 출근 6시 퇴근 또는 1시 출근 9시 퇴근이고, 기관 이용자들의 이용 시간에 따라 근무 시간은 탄력적으로 운영될 수 있어요. 지역아동센터는 학기 중에는 10시 출근 19시 퇴근이며, 방학 중에는 9시 출근 18시 퇴근해요. 청소년상담소는 청소년 상담업무를 위해 야간 근무를 하기도 해요. 생활 시설도 주 40시간 기준이며, 2교대 또는 3교대 근무 방식으로 운영해요. 이용자는 24시간 거주하므로, 사회복지사는 1일 근무 1일 휴식하는 순환 근무 방식으로 운영하고요. 추가 근무 발생 시에는 추가 근무 수당이 지급돼요.

편 복리후생제도는 잘 되어있나요?

전 사회복지사는 공무원이 아니기 때문에 일반 근로자와 마찬가지로 4대 보험에 가입하고 국민연금을 수령해요. 하지만, 사회복지기관 기관장은 만 65세까지, 직원은 만 60세까지 근무할 수 있어 정년 보장이라는 장점이 있어요. 따라서, 나이가 많아 새로운 직업을 시작하기 어려운 늦깎이 사회복지사들이 두 번째 직업으로 사회복지 공부를 하는 경우도 많아요. 또한, 직접 사회복지시설을 창업하는 경우 정년 없이 꾸준히 일할 수 있어요.

사회복지사는 근로기준법에 기반한 다양한 복지 휴가 혜택을 누릴 수 있어요. 법정 휴가인 연차휴가와 5년 단위로 장기 근속 휴가를 추가로 받을 수 있어요. 몸이 아플 때는 최대 60일까 유급 병가 휴가를 이용할 수 있고요. 임신 및 출산 시에는 병원 검진 휴가, 산전후 휴가, 출산 휴가, 자녀 돌봄 휴가 등을 지원받을 수 있고, 건강검진을 위해 건강검진 휴가를 받을 수도 있어요.

사회복지사를 위한 다양한 지원 시스템도 운영되고 있어요. 사회복지사협회는 사회복지사 자격증 소지자가 회비를 납부하면 가입할 수 있으며, 해외 연수, 다양한 문화 활동, 건강검진 비용 지원 등을 지원해 주죠. 또한, 사회복지사는 사람과의 접촉이 많아 정신적 어려움을 겪을 수 있으므로, 상담 및 심리검사 서비스를 제공해요. 사회복지사의 휴가 기간에 이용자 서비스를 유지하기 위한 대체인력 지원 제도도 운용되고 있고요. 일반 은행보다 높은 이율의 적금 상품과 대출 혜택을 제공하는 한국사회복지공제회도 있어요.

SOCIAL
WORKER

프리랜서로
자유롭게
활약하는
사회복지사

프리랜서 사회복지사

프리랜서 사회복지사는 특정 조직에 소속되지 않고 개인의 전문성을 바탕으로 자율적으로 활동하는 사회복지사예요. TV 방송국의 아나운서들이 처음에는 방송국에 소속된 직원이었지만, 프리랜서를 선언하면서 여러 방송국이나 종편에서 자유롭게 일하는 것과 비교할 수 있어요.

저는 사회복지관에서 직원들의 행정 업무를 지원하며, 기안, 공문, 계획서, 평가서 작성 등의 업무를 수행했어요. 하지만 업무용 글쓰기는 제가 근무했던 기관에만 국한된 게 아니었어요. 전국의 모든 사회복지기관에서 필요한 일이었죠. 그래서 저는 한 개 기관에서만 근무하다가 퇴사하고, 현재는 전국을 다니며 사회복지사와 클라이언트를 직접 만나 사회복지사 대상 글쓰기 강의를 진행하고 있어요. 이를 통해 사회복지사들이 행정 업무를 효율적으로 수행할 수 있도록 돕고 있으며, 복지시설 이용자 중 글쓰기나 저술에 관심이 있는 분들에게 수업을 제공하고 있어요.

저와 같은 사회복지사는 예상보다 많아요. 제가 아는 사람들만 해도 최소 30명 이상이며, 제가 모르는 사회복지사까지 포함하면 몇백 명은 될 것 같아요.

프리랜서 사회복지가 필요한 이유는 바로 사회복지 서비스를 이용하는 클라이언트의 급증 때문이에요. 제가 근무했던 기관의 경우, 하루 평균 1,200명의 주민이 복지관을 방문했지만, 정규직 직원은 20명에 불과했어요. 간단히 계산해 보면 한 명의 직원이 60명의 클라이언트를 담당해야 하는 상황이었죠. 만약 한 명의 클라이언트와 10분만 상담한다고 해도, 하루 전체 업무시간을 소요하게 돼요. 현실적으로 불가능한 수치죠. 업무량이 엄청나게 많아지면서 전문가들과의 협업을 시작하게 됐어요.

사회복지사 한 명이 모든 업무를 단독으로 처리하는 것은 현실적으로 매우 어려운 일이에요. 완벽하게 수행하기는 사실상 더 어렵고요. 또한, 사회복지기관은 채용할 수 있는 직원 수가 정해서 있어서 필요한 모든 분야의 전문가를 채용하기 어려운 상황이고요. 따라서 사회복지기관들은 전문 용역이 필요한 분야에 해당 분야에 전문성을 갖춘 사회복지사들을 투입하는 거죠.

이용자들은 복합적인 어려움을 겪고 있어 사회복지사의 전문적인 지원이 필요해요. 사회복지사는 다양한 사회 문제에 직면한 개인들을 지원하는 역할을 하지만, 모든 분야에 대한 전문성을 갖추는 것은 현실적으로 어려운 일이에요. 예를 들어, 어르신 관련 문제에 대한 전문성을 갖춘 사회복지사가 가정폭력, 학교 적응 어려움, 느린 학습 장애 등 다른 문제를 가진 이용자를 만나는 경우가 있어요. 이러한 상황에서 모든 문제를 혼자 해결하려는 것보다 가정폭력 전문 사회복지사, 학교 사회복지사, 느린 학습 전문 사회복지사 등 특정 분야에 대한 전문성을 갖춘 사회복지사들과 협력하는 것이 이용자에게 더욱 효과적인 지원을 제공할 수 있어요.

프리랜서 사회복지사의 활동은 클라이언트에게 제공되는 서비스의 다양성을 크게 향상시켰어요. 기관 소속 사회복지사의 역량만으로는 제한적이었던 서비스와 프로그램이 프리랜서 사회복지사의 참여로 다양한 분야로 확대될 수 있게 되었죠. 클라이언트 입장에서 기관 소속 사회복지사는 오랜 기간 관계를 형성하며, 클라이언트의 상황과 필요를 깊이 이해하고 있어요. 이는 편안하고 안정적인 서비스 제공을 가능하게 하죠. 반면, 프리랜서 사회복지사는 클라이언트가 필요로 하는 전문 서비스를 집중적으로 제공할 수 있고요. 기관 소속 사회복지사와 프리랜서 사회복지사는 각자의 장점을 살려 클라이언트에게 최적의 서비스를 제공하는 데 기여하고 있어요.

프리랜서 사회복지사들은 대부분 사회복지기관에서 실무 경험을 쌓은 전문가들이에요. 사회복지시설에서 근무하며 쌓아온 경험을 바탕으로 다른 사회복지기관의 클라이언트를 만나 프로그램을 운영하거나, 사회복지사들의 역량 향상을 지원하는 역할을 수행해요.

프리랜서 사회복지사들은 다양한 분야에서 전문성을 발휘하며 활발하게 활동하고 있어요. 대표적인 활동 분야로는 미션, 비전, 경영 컨설팅, 리더십 교육, 물품을 구입 및 납품, 전문 기술 강의, 사회복지 저서 집필, 발달 장애인 교육 프로그램 개발, 심리지원 도구 개발 및 판매, 기관 홍보 업무 대행, 사이코드라마 프로그램 진행, 대학 강의, 사회복지 문제 조사 연구, 이용자 욕구 조사, 프로그램 평가 등이 있어요. 이 외에도 다양한 분야에서 사회복지 전문성을 활용하여 사회에 기여하는 프리랜서 사회복지사들이 많아요.

저는 20년 이상의 사회복지사 경험을 바탕으로 현재 프리랜서 사회복지사로 활동하고 있어요. 전국 각지의 다양한 사회복지기관(복지관, 지역아동센터, 협회, 장애인 생활 시설)에서 사회복지 지식을 전파하는 강연을 중심으로 활발하게 활동하고 있어요. 주요 수입원은 강의료, 자문료, 책 쓰기 교육 수업료, 저서 인세예요. 사회복지사 대상 전국 순회강연과 더불어, 대학교 강의도 진행하며, 복지시설 이용 어르신, 장애 아동 보호자, 가족 돌봄 청년, 자립 준비 청년 대상 책 쓰기 수업을 통해 사회 참여 기회를 제공하고 있고요. 또한, 사회복지 관련 저서 출간을 통해 전문성을 공유하며 인세를 받고 있어요.

사회복지사에게 글쓰기가 중요한 이유

많은 분이 프리랜서 사회복지사로서 글쓰기 강의를 통해 수익을 얻을 수 있는지 궁금해하세요. 하지만 일부 사회복지사분들은 글쓰기 강의가 다른 사회복지사들에게 어떤 도움이 될 수 있는지 명확히 인지하지 못하고 있는 경우가 있어요. 사실, 사회복지사는 업무시간 중 상당한 부분을 글쓰기에 할애해요. 앞에서 보여드린 사회복지사의 하루 일정을 떠올려보세요. 모든 업무 일정에는 '행정 업무'라는 항목이 포함되어 있죠. 이는 바로 보고서, 기록, 평가 등 다양한 문서 작성을 의미해요.

사회복지 활동은 정부 지원금과 후원금으로 운영되기 때문에, 모든 활동에 대한 기록이 필수적이에요. 예를 들어, 어르신에게 점심 식사를 제공하는 경우에도 단순히 식사를 제공하는 것이 아니라 꼼꼼한 기록을 통해 투명성을 확보해야 해요. 점심 식사 대상자가 맞는지 확인하고 기록해요. 대상자에게 필요한 식재료비를 청구하기 위한 기록을 남겨요. 지급된 식재료비로 어떻게 식재료를 구입했는지 기록해요. 어떤 음식을 어떻게 제공했는지 자세히 기록해요. 대상자가 결석한 경우 그 이유를 기록해요. 이처럼 사회복지사는 말하는 것만큼이나 많은 시간을 글쓰기에 할애하며, 투명하고 효율적인 사회복지 서비스 제공에 기여해요.

　사회복지 사업의 투명성과 책임성을 위해 모든 활동을 기록하는 것은 필수적이지만, 과도한 글쓰기는 클라이언트와의 소중한 만남 시간을 감소시킬 수 있어요. 이러한 문제를 해결하고 사회복지사의 업무 효율성을 높이기 위해 저는 프리랜서 사회복지사로서 빠르고 간결하면서도 정확한 기록 작성을 지원하죠.

SOCIAL
WORKER

사회복지사
전안나
스토리

편 선생님의 어린 시절이 궁금합니다.

전 저의 기억은 보육원에서 시작되었어요. 어린 제가 어떤 이유로인지 친부모님 곁을 떠나 보육원에서 살게 되었는지 모르지만, 친부모님이 누군지 모르는 채로 보육원에서 살았어요. 어른이 된 지금도 친부모님이 누군지 모르고요. 다섯 살 때 입양 가정으로 옮겨졌지만, 입양한 부모님이 저를 학대했죠. 이러한 경험들은 제게 사회복지에 대한 깊은 관심을 불러일으켰어요. 소외된 사람들을 돕고, 사회에서 누구나 존엄성을 가지고 살아갈 수 있도록 힘을 보태고 싶다는 강한 열망으로 사회복지 분야로 나아가게 되었죠.

편 몇 살 때 사회복지학과에 관심을 가졌나요?

전 고등학교 2학년 때 진로 탐색 책을 보다가 사회복지학과가 궁금하다고 생각했어요. 당시 저는 사회복지와 상담 중 어떤 분야를 공부해야 할지 고민을 많이 했어요. 상담은 개인의 내면을 깊이 파고드는 학문이라면, 사회복지는 개인과 사회의 관계 개선에 중점을 둔다는 점에서 차이가 있었어요. 청소년이었던 저에게는 단순히 인간만을 이해하는 것으로 부족하다고 느꼈죠. '나는 누구인가?'라는 질문은 상담 분야에서 다루는 주제라면, '나는 누군데 어떻게 살아갈 것인가, 어떻게 죽을 것인가, 어떤 관계를 맺어야 하는가, 그리고 사회는 어떻게 뒷받침되어야 하는가?'라는 질문은 사회복지 분야에서 다루는 주제라고 생각했어요. 이러한 고민 끝에 사회복지학과로 진학하게 되었죠.

편 청소년 시기는 어떻게 보냈나요?

전 솔직히 말씀드리면, 저는 어린 시절부터 방황하는 시간을 많이 보냈어요. 극단적인 선택을 시도하기도 했죠. 겉으로는 아무것도 티 나지 않고 성실한 학생이었어요. 하지만 내면에는 항상 많은 고민과 갈등을 안고 있었어요. 그러한 고민을 해결하기 위해 저는 책을 읽는 데 몰두했어요. 6살 때부터 집에 있는 모든 책을 닥치는 대로 읽었죠. 셜록 홈스 같은 추리 소설부터 세계 동화, 위인전까지 다양한 장르의 책을 탐독했어요. 책을 읽으면서 저는 세상에 대한 호기심과 의문을 키워나갔어요. 위인전집을 읽다보면 1번 책에서는 태조 이성계가 조선을 건국한 훌륭한 지도자로 묘사돼요. 하지만 30번 책에서는 정몽주가 이성계를 반역자로 규정하기도 해요. 이러한 서로 다른 해석들은 저에게 역사의 다양성과 주관성에 대한 질문을 던졌죠. 이런 고민과 성찰을 통해 저는 어릴 때부터 남들과는 조금 다른 생각을 하는 아이로 성장했어요.

편　대학 시절은 어떠셨어요?

전　청소년 시절에는 공부에 어려움을 겪기도 했지만, 대학교 사회복지학과에 진학하면서 저의 삶은 크게 달라졌어요. 환경과 인간, 가족 관계, 사회와 인간의 상호작용에 대한 심층적인 학문에 매료되었고, 사회복지학을 공부하면서 처음으로 진정한 학습의 즐거움을 느꼈죠. 꾸준한 노력 끝에 학과 수석을 차지하고, 과 대표, 총학생회 부회장 등의 역할을 수행하며 리더십과 책임감을 키울 수 있었어요.

사실, 제가 학업과 활동에 적극적으로 참여한 이유는 경제적 어려움을 극복하고 목표를 달성하기 위한 것이었어요. 가정형편이 어려워 스스로 학비와 생활비를 마련해야 했거든요. 공부하면서 아르바이트까지 하려니 힘들더라고요. 몇백만 원이나 되는 등록금을 안 낼 수 있는 방법이 무엇일까? 그래서 장학금 수혜를 통해 학비 부담을 줄이고, 학업에 집중할 수 있는 환경을 조성하고자 했어요. 꾸준한 노력 끝에 성적 장학금, 활동 장학금, 봉사 장학금 등 다양한 장학금을 받으면서 학업 목표를 달성할 수 있었죠.

그런데 그게 신의 한 수였죠. 대학교에서 우수한 성적을 유지하고 리더 역할을 수행하면서 저를 주시하셨던 교수님께서 사회복지관 취업을 알선해 주셨어요. 그렇게 저는 처음 입사한 곳에서 사회복지사로서 20여 년간 일할 수 있었어요.

한 곳에서 20여 년을 근무하셨다는 게 대단해요.

20년이라는 긴 세월 사회복지사로서 활동할 수 있어서 감사하죠. 이 책을 읽는 여러분의 나이보다 더 오래 일한 시간이지만, 저에게는 매 순간이 값진 경험이었고, 하루하루 보람찬 일을 할 수 있었어요. 제가 무엇보다 행운이라고 생각하는 것은 교수님의 추천으로 우연히 입사하게 된 사회복지기관이 정말 훌륭한 곳이었기 때문이에요. 존경받는 리더가 있었고 사회복지사들이 전문성을 키울 수 있도록 다양한 교육 지원을 아끼지 않았어요. 또한, 장기근속 휴가 제도가 없을 때도 제도를 만들어주셨고, 직원들의 복지와 성장을 위해 노력하는 멋진 어른의 모습을 보여주셨어요.

또한, 저는 든든한 선배 사회복지사들의 존재에 큰 힘을 얻을 수 있었어요. 힘들 때마다 따뜻한 커피와 맛있는 식사, 그리고 진심 어린 조언으로 위로해 주시고, 부족한 부분을 채울 수 있도록 지도해 주셨어요. 함께 15년 이상 일한 소중한 동료 사회복지사들도 있어, 그들의 헌신과 협력 덕분에 오랜 시간 동안 즐겁고 보람찬 일을 할 수 있었다고 생각해요.

20년 동안 같은 사회복지기관에서 일한 후, 프리랜서 사회복지사로 새로운 도전을 시작했는데요, 그렇게 좋은 기관을 왜 나왔냐고 물어보세요. 사실 서울에 위치한 단 한 곳의 기관에서만 근무했다는 건 저의 약점이기도 해요. 그래서 조금 더 넓은 경험을 하고 싶었죠. 또한, 다른 기관에 이직하는 것이 아니라, 프리랜서 사회복지사로서 전국 각지의 다양한 환경에서 일하며 더욱 넓은 경험을 쌓고자 했어요. 물론, 퇴사 후에도 저는 이전 기관에 대한 애정과 감사한 마음을 간직하고 있어요. 좋은 사회복지기관에서 훌륭한 동료들과 함께 일할 수 있었던 건 제게 가장 큰 행운이었어요.

SOCIAL
WORKER

사회복지사의
다양한
글쓰기

장학금 사업 후원 제안서

우리 사회에는 후원이 필요한 사람들이 있고, 후원을 하고 싶어 하는 사람들이 있어요.

한 어르신이 유산으로 장학금을 기부해 주셨는데, 장학금이 거의 다 사용되어 신규로 후원할 분을 모집하는 제안서입니다.

유○○ 장학금 후원자가 되어주세요.

우리 기관은 19○○년 영구 임대 아파트 단지와 함께 문을 열었습니다. 본격적으로 기관을 운영하기 시작한 19○○년부터 유○○ 어르신은 우리 기관 회원이 되었습니다. 무료 진료, 경로식당, 한글 교실, 노래 교실, 나들이 등 다양한 프로그램을 이용하던 어르신께서는 20○○년 천식으로 병원에 입원하셨습니다. 병원 진료에 동행했던 사회복지사에게 어르신은 어린 시절 이야기를 털어놓으셨습니다.

"내가 새어머니 아래서 자랐어. 새어머니가 '너는

여자니까 학교를 안 다녀도 된다.'고 했어. 어릴 때는 학교 안 가고 노는 것이 너무 좋아서 아무 생각 없이 놀기만 했어. 그런데 이렇게 나이를 먹고 나니까 까막눈이고 배우지 못한 것이 그렇게 한이 돼. 난 지금도 돈이 없어서 배우지 못하는 아이들이 있으면 너무 불쌍하고 눈물이 나. 아버지에게 물려받은 돈과 그동안 모은 돈이 500만 원 정도 있으니 그걸 공부하고 싶은 아이들 학원비나 책값 등 장학금으로 사용해 줘. 나를 20년 동안 돌봐준 복지관에 정말 고마워서 그래"라고 말씀하셨습니다.

하지만, 어르신은 혼자 사는 독거세대이고, 자녀도 없고 수급자이셔서 저희는 만류했습니다. "어르신 정말 감사한데요, 그 돈 다 내시면 어떻게 살아요. 몸이 아프면 병원 오고, 먹고 싶은 거 먹으려면 돈이 있어야 해요. 어르신 마음만 받을게요."라고 말씀드렸습니다. 어르신이 거듭 장학금 이야기를 했지만, 어르신의 전 재산이기에 조금 더 상황을 보고 다시 이야기하기로 했습니다.

한 달여가 지나고 퇴원 후 가쁜 숨을 몰아쉬며 복지관에 찾아오신 어르신은 "정말로 아이들에게 주었으면 좋겠다"라고 장학금 기부 의사를 다시 밝히셨습니다. 더 이상 어르신을 만류할 수 없었던 저희는 어르신과 후원 약정서를 쓰고, 함께 은행에 가서 돈을 찾아서 봉투에 넣고, 장학금 전달식을 했습니다. 이 장학금이 바로 유○○ 장학금의 시작입니다.

유○○ 장학금은 수급이거나 차상위 등 사회적 제도를 기준으로 선발하지 않고 세심한 인테이크를 통해 진로를 뚜렷이 설정한 아이에게 장학금으로 사용하고 있습니다. 장학생 김○○ 학생은 애니메이션 그리기에 필요한 미술용품과 컴퓨터용품, 학원비를 지원받아, 애니메이션 전공으로 고등학교-대학교를 진학하였습니다. 또 다른 장학생 이○○ 학생은 한국무용 전공을 꿈꾸며 연습실 대여비, 연습복 구입비, 레슨비를 지원하며 꿈을 키우고 있습니다. 지난 5년간 10여 명의 장학생의 학원비와 교재비 구입에 사용하며 아이들의 진로에 큰 도움이 되었습니다. 어르신께서는 장학금 전달 다음 해에 사망하셨고, 유○○ 기금은 이제 바닥을 드러내고 있습니다.

어르신께서는 본인의 이름을 밝히지 말아 달라고 했지만, 저희는 이 기금을 [유○○ 장학금]이라고 명명하며 어르신의 뜻을 5년째 기리고 있습니다. 저희는 앞으로도 어르신의 뜻을 기려 돈이 없어서 배우지 못하는 아이들이 없도록 유○○ 장학금을 이어가려고 합니다. 여러분께서 유○○ 장학금 후원자가 되어주신다면 꼭 필요한 아이들의 학원비, 교재비, 학용품 구입비로 사용하겠습니다. 클라우딩 펀딩 목표 금액은 어르신께서 첫 후원해 주셨던 금액과 동일한 500만 원입니다.

유○○ 장학금의 후원자가 되어주세요.

장애인이 생활하는 곳에서는 '방'을 생활실이라고 부르는데요, 매일 몇 명이 이용했고, 하루 동안 어떤 프로그램을 진행했는지와 이용자의 특이사항을 기록으로 남기고 있어요.

일자	2025. 6. 25.(수) 08:00~18:30		
이용 현황	정원	현원	사유
	25	24	외출 홍길동 9:00~17:00
일과 운영	7:00~8:00 기상, 이불 개기, 환복 8:00~9:00 조식 9:00~10:00 자유 활동 10:00~10:30 오전 간식 10:30~12:00 오전 집단활동 12:00~13:00 중식 13:00~15:00 노래교실 15:00~15:30 오후 간식 15:30~17:30 자유 활동 17:30~19:00 저녁 식사 19:00~21:00 개별 케어 21:00~22:00 취침 준비 22:00~익일 7:00 이용자 취침, 라운딩		

직원 간 공지	가정용품 재고 확인 내일 오후 이 미용 관련 의견 파악
외부 연락 및 방문	홍길동 회원-보호자 전화: 외출 안내하고 내일 통화 예정 김은정 회원: 보호자와 줌으로 비대면 면담 진행함
시설/비품 점검 사항	이불장/개인 사물함/집기 비품/세탁물/화장실/주방 정리 정돈 적절함 생활 실내에서 불쾌한 냄새가 남-안전 관리인에게 요청 필요
	생활인 관찰 및 상담 내용
일상 생활	이상호 회원: 식사 후 약을 입에 머금고 있는 모습 발견. 약 복용 확인 필요
정서 및 심리	홍길동 회원: 코로나로 우울감을 호소해서 자원봉사자와 함께 8시간 외출 진행함
학습 및 직업	김은정 회원: 노래교실 시간에 적극적으로 참여하는 모습을 보임. 참여 중 옆 회원에 책을 뺏으려는 돌발 행동 보임
여가 및 행사	특이 사항 없음

사회복지기관에서는 적절한 분에게 서비스를 제공하기 위해 사전, 진행 중, 사후 단계별로 상담을 진행해요. 상담 내용은 상담 일지에 기록합니다.

대상자	홍길동	대상자 번호	2025-56호
상담 일자	2025-10-19	접수자 명	전안나 사회복지사
상담 구분	신규/계속	상담 형태	2. 방문
상담 분야	3. 서비스 상담	상담 코드	경로식당
상담 제목	코로나로 인한 변화 욕구 파악 상담		

기본 정보
1. 보호 구분
  · 수급 (장애연금, 기초연금, 수급비 50여만 원 수입)
  · 수입 대비 지출 적절하며 부채 없음 (통장관리: 동사무소 이○○ 주무관)

2. 건강 상태
- 알츠하이머 치매 (20○○ ○○병원 신경과 진단)
- 고혈압, 만성동맥폐색증 약 복용 중 (투약 관리: 보건소 김○○ 간호사)

3. 일상생활
- 노인성 질환으로 일상생활에 어려움이 있음
- 장기 요양 3등급 ○○재가센터 요양보호사 월~금, 9~12 활동 (연락처: 010-○○○○-○○○○)

4. 세대 구분
- 배우자 사별(20○○년)로 인한 독거
- 1남 1녀 있으며 정기적인 왕래 없음
- 부산 거주 딸과 수시 전화 연락 가능 (연락처: 010-○○○○-○○○○)

5. 주거 안정
- 영구 임대 아파트 거주
- 관리비 체납 없이 납부

코로나로 인한 변화 욕구
- 식사: 경로식당 이용 중. 식당에 나와서 밥 먹고 싶다고 표현함. 대체식보다 바로 먹을 수 있는 반찬/도시락 선호함
- 심리사회: 코로나로 복지관 방문이 어려워져서 혼자 지낼 때가 많아 우울감 무기력감을 표현. 자주 만나는 사람이 거의 없으며 여러 사람이 모여 있는 자리는 피하는 편. 이웃 한 명 외에 친구 없음. 대부분 시간을 집에서 TV 봄

상담자 의견
- 미래 계획 시 질병이 심화하면 요양시설 입소에 대해 생각하고 있으며, 해당 신청 과정 도움을 요청하심
- 대학생 전화 심리 지원 서비스 연계 대상자로 추천

상담 결과
- 장기요양시설 또는 요양병원 입원에 대한 욕구를 표현함. 시설 등급 판정을 통한 요양시설 입소 계획 필요
- 관련 사안에 대한 보호자 의견 파악 및 진행 가능 여부 확인 필요

복합적인 문제를 가진 가정은 본인뿐 아니라 가족, 가계도, 사회적 지지망, 의식주, 비전/진로, 정서문화, 가정환경 등을 종합적으로 파악해 전문적으로 개입해요.

사례 정보

이름 김○○ (중1/한부모 가정/수급)

1. CT의 강점:

차분하고 성실하고 예의가 바름. 학교나 학원에서 선생님들에게 칭찬을 많이 받으며 인정받음. 학업 성취도가 높은 편이며 친구들과 관계 원만

2. 가족의 강점:

CT 모가 자녀와 대화를 많이 하며 자녀와 모친의 관계가 좋음. 같은 구에 외조모가 거주하며 아동 양육에 대해 필요시 도움을 주심. 모친이 아르바이트를

통해 경제활동을 하려는 의지가 있음

3. 가계도 분석:

CT 모가 어린이집 교사로 일하던 중 ○○사건이 발생하여 보상금을 지불하면서 일반 수급자가 되었으며 이때 남편과 이혼함(○○년). 현재 모친이 자녀를 양육하고 남는 시간 동안 아르바이트를 하고, 필요시 외조모의 도움을 받음

4. 사회적 지지망:

공식적인 지지자 원 – 동사무소(수급 급여 85만 원/모자 세대), 복지관(방과 후 교실, 결연 후원, 석식 · 도시락 지원), 학교(담임교사)/비공식적 지지 자원-외조모

5. 의식주:

식생활은 하루 두 끼 식사 중으로 점심은 학교, 저녁은 집에서 먹음. 저녁 시간 모가 아르바이트로 부재하여 아동 석식 서비스 연계 중. 키가 크고 마른 편으로 안경 착용. 의복 관리 잘되나 보유는 적은 편

6. 비전/진로:

구체적인 비전이나 진로 계획 없음. 하고 싶은 것은 있으나 정확히 수립한 계획은 없음. 학습에 대한 지원이 필요하다고 CT 모가 말하여 무료 학원 서비스 연계 중

7. 정서/문화:

가족이 함께 문화 체험을 한 적이 없으며 학교나 복지관의 문화 체험 이용 중, 자신의 감정 표현 부족. 사춘기로 가끔 신경질적인 반응이 있으나 인지, 행동, 학습, 예절 모두 뛰어남. 자신에 대한 표현, 상대에 대한 인식과 이해하는 능력 보통이며 대인관계는 전반적으로 원만함

8. 가정환경:

가족 관계 좋으며 양육자 역할 바람직하고 주거 관리 적절히 됨

담당자 의견

- CT: 사춘기로 인해 교사, 부모, 친구들과 갈등에 대한 정서적 지지와 상담 필요

- CT 모: 민사소송/합의 등 법적 절차에 대한 정보, 사춘기 자녀 지도에 대한 양육 방법, 정보 부모 교육 필요. 부채 상환과 개인 파산 면제 위한 격려

SOCIAL
WORKER

이 책을
마치며

편 지금까지 장시간의 인터뷰였습니다. 이제 마무리할 시간인데, 소감이 어떠신가요?

전 제가 사랑하는 사회복지에 대한 열정을 여러분과 나눌 수 있어서 깊은 기쁨과 설렘을 느낍니다. 인터넷에 잘못된 정보가 많은 현실 속에서, 이 책을 통해 사회복지에 대한 바른 이해를 얻고, 더 나아가 사회복지사가 되는 꿈을 품게 되었다면 제가 느낄 수 있는 가장 큰 보람입니다. 또한, 이 책을 완성하는 데 도움을 주신 분들께 진심으로 감사드립니다. 아동생활시설의 전양희 사회복지사님, 중증 장애인 거주 시설의 신혜선 사회복지사님, 장애인단기보호시설의 이혜린 사회복지사님께서는 다양한 사회복지사의 근무 형태와 업무분장에 대한 정보를 제공해 주셨어요. 또한, 세상을 바꾸는 사회복지사의 이명묵 사회복지사와 월계종합사회복지관 오동준, 김선화, 최미정, 원대현, 최선영, 권순규 사회복지사가 다양한 사진을 제공해 주셨어요. 이 자리를 빌려 다시 한번 진심 어린 감사의 말씀을 전합니다.

편 이 책을 읽는 청소년, 그리고 진로 직업에 대해 고민하는 많은 사람이 어떤 직업인이 되기를 바라나요?

전 좋아하고 잘하는 일을 통해 사회에 기여하는 직업인이 되기를 바랍니다. 그러기 위해서는 자기 인식이 중요해요. 내가 누구인지, 내가 좋아하는 것과 싫어하는 것, 피하고 싶은 것과 즐기고 싶은 것 등을 깊이 고민하고 탐구해야 해요. 이 과정을 통해 나에게 진정으로 맞는 일을 발견하고, 그 일에서 능력을 발휘하며 사회에 긍정적인 영향을 미치는 삶을 살아갈 수 있기를 기대합니다.

편 전안나 선생님께서는 이 직업을 통해 행복해지셨나요?

전 저는 어린 시절 사회복지 시설에서 보살핌을 받은 클라이언트였어요. 그러나 사회복지 학문을 접하게 되면서 저의 어린 시절과 사회에 대한 깊은 이해를 얻게 되었고, 함께 살지 못한 친부모와 나를 학대했던 양부모까지 이해할 수 있었죠. 어려운 환경 속에서도 희망을 잃지 않고 사회복지사가 되겠다는 꿈을 꾸었던 저는 지금 그 꿈을 이뤄 사회복지사로서 활동하며 미래의 사회복지사를 양성하고 있어요. 저는 죽을 때까지 사회복지의 매력에서 벗어나지 못할 것 같아요.

편 선생님과 함께 마지막까지 달려온 독자들에게 인사 말씀 부탁드립니다.

전 사회복지사는 단순히 좋은 일을 하는 사람을 넘어 사회 문제를 해결하고 예방하는 전문가예요. 사회복지사들은 자원 봉사자나 후원자의 역할을 뛰어넘어 사회의 윤활유처럼 사람과 사회를 연결하고 변화를 이끌어내는 존재죠. 앞으로 우리나라가 복지국가로 발전하고 모든 국민이 보편적 사회복지의 혜택을 누리게 되길 기대하며 저는 여러분에게 사회복지사라는 의미있는 직업을 통해 세상을 바꿀 기회를 제시하고 싶어요.

전 청소년 여러분! '타인의 앞을 밝히면 자신의 앞도 밝아진다.'라는 격언을 아시나요? 깊은 어둠 속에서 방황하는 사람들을 안전한 곳으로 이끄는 사회복지사의 역할은 정말 감동적이고 숭고합니다. 물론, 많은 공부와 다양한 사람들과의 만남을 통해 겪는 어려움도 있겠지만, 사회에 기여하며 동시에 삶의 보람을 느낄 수 있는 특별한 직업이라는 점에서 사회복지사는 더욱 매력적인 직업이라고 생각해요. 이 책을 읽는 여러분 모두가 어려움에 직면했을 때, 그리고 주변 사람들이 어려움을 겪을 때 따뜻한 손을 내밀 수 있는 존재가 되기를 진심으로 바랍니다. 지혜와 용기로 도움을 줄 수 있는 인재로 성장해 주길 기대합니다. 이 책을 통해 따뜻한 마음과 뛰어난 역량을 갖춘 사회복지사들이 많이 탄생하기를 희망합니다. 이 세상의 모든 직업이 여러분을 차별하지 않고 모든 문을 활짝 열 수 있도록 잡프러포즈 시리즈는 부지런히 달려갑니다. 다음 편에서 뵙겠습니다! 감사합니다.

SOCIAL
WORKER

나도
사회복지사

우리나라의 다양한 복지제도를 알아봐요. 보건복지부에서 운영하는 [복지로] 누리집 https://www.bokjiro.go.kr에서 제공하는 서비스 목록을 통해 생애 주기, 가구 유형, 관심 주제에 맞는 다양한 복지제도를 찾아볼 수 있어요.

출처: 복지로 홈페이지

서비스 목록 생애 주기에서 한 개 유형을 정해 제도를 찾아보고, 이름과 내용을 간단히 적어보세요.

□ 임신·출산   □ 영유아   □ 아동   □ 청소년
□ 청년   □ 중장년   □ 노년

제도명:	제도명:
내용:	내용:
제도명:	제도명:
내용:	내용:

가구 상황에서 한 개 유형을 정해 제도를 찾아보고, 이름과 내용을 간단히 적어보세요.

☐ 저소득 ☐ 장애인 ☐ 한 부모·조손
☐ 다자녀 ☐ 다문화·탈북민 ☐ 보훈대상자

제도명:	제도명:
내용:	내용:
제도명:	제도명:
내용:	내용:

관심 주제에서 한 개 유형을 정해 제도를 찾아보고, 이름과 내용을
간단히 적어보세요.

☐ 신체 건강　☐ 정신건강　☐ 생활 지원　☐ 주거
☐ 일자리　☐ 문화·여가　☐ 안전·위기　☐ 임신·출산
☐ 보육　☐ 교육　☐ 입양·위탁　☐ 보호·돌봄
☐ 서민금융　☐ 법률

제도명:	제도명:
내용:	내용:
제도명:	제도명:
내용:	내용:

여러분이 살고 있는 지역에는 어떤 사회복지기관이 있나요? 우리 동네 사회복지기관을 직접 찾아가거나, 인터넷 검색, 리플릿 등을 통해 탐방 보고서를 작성해 보세요. (복지로 홈페이지에서도 검색 가능)

기관명	
기관 주소	
기관 연락처	
몇 년도부터 있었나요?	
어떤 사회복지를 하는 곳인가요?	
기관 종류는 무엇인가요?	
누가 왜 이용하나요?	
일일 이용자 수는 어떻게 되나요?	
사회복지사는 몇 명인가요?	
사회복지사가 하는 일은 무엇인가요?	
업무에서 긴밀하게 협조하는 다른 사회복지기관은 어떤 곳이 있나요?	

아래는 다양한 사회복지, 사회의 긴급 전화번호입니다. 선 긋기로 바른 정보를 이어보세요.

110 ·	· 학교 폭력
112 ·	· 노인 학대
117 ·	· 민원
119 ·	· 긴급 복지
129 ·	· 범죄
182 ·	· 미아 신고
1366 ·	· 자살, 정신건강
1388 ·	· 여성 폭력
1399 ·	· 청소년 상담
1577-1389 ·	· 재난, 구급, 구조
1577-0199 ·	· 불량식품

정답은 41페이지 참고

사람과 사회를 연결하는
사회복지사

우리가 사용하는 단어 중에는 우리 사회의 행복을 위해 사용하면 안 되는 차별, 혐오, 비하 단어들이 있어요. 아래 단어가 왜 고쳐져야 하는지 이유를 찾아보세요.

단어	이 단어를 왜 쓰면 안 될까요?	바르게 고친 단어
잼민이, *린이		어린이
꼰대		어른
살색, 피부색		살구색
장애우, 장애자		장애인
정상인, 일반인		비장애인
벙어리 장갑		손모아 장갑, 엄지 장갑
고아원		보육원
외국인 노동자		이주 노동자
급식충		학생
불법 체류자		미등록 외국인

내가 찾은 차별, 혐오, 비하 단어	이 단어를 왜 쓰면 안 될까요?	바르게 고친 단어

사회복지사 자격증

사회복지사가 되었다는 마음으로 자격증을 만들어보세요.

제1-12345호

사회복지사 자격증

성   명:

생년월일:

등   급: 1급

(사진)

위 사람은 사회복지사업법 제11조에 따른
사회복지사 자격이 있음을 인정합니다.

년   월   일
보건복지부장관

사회복지사 선서문 따라 쓰기
사회복지사가 되었다는 마음으로 선서문을 따라 쓰기 해보세요.

사회복지사 선서문

나는 모든 사람이 인간다운 삶을 누릴 수 있도록
인간존엄성과 사회정의의 신념을 바탕으로 개인, 가족 집단
조직, 지역사회 전체 사회와 함께한다.

나는 언제나 소외되고 고통받는 사람들의 편에 서서, 저들의
인권과 권익을 지키며, 사회의 불의와 부정을 거부하고, 개인
이익보다 공공이익을 앞세운다.

나는 사회복지사 윤리강령을 준수함으로써,
도덕성과 책임성을 갖춘 사회복지사로 헌신한다.

나는 나의 자유의지에 따라 명예를 걸고
이를 엄숙하게 선서합니다.

청소년들의 진로와 직업 탐색을 위한
잡프러포즈 시리즈 72

사람과 사회를
연결하는 _____
사회복지사

2024년 7월 15일 초판1쇄

지은이 | 전안나
펴낸이 | 유윤선
펴낸곳 | 토크쇼
편집인 | 김수진
교정 교열 | 박지영
표지디자인 | 이든디자인
본문디자인 | 문지현
마케팅 | 김민영

출판등록 | 2016년 7월 21일 제 2019-000113호
주소 | 서울시 마포구 월드컵북로98, 2층 202호
전화 | 070-4200-0327
팩스 | 070-7966-9327
전자우편 | myys327@gmail.com
ISBN | 979-11-92842-99-8(43190)
정가 | 15,000원